安丸良夫著

神々の明治維新

—神仏分離と廃仏毀釈—

岩波新書

103

目　次

はじめに

巨大な転換

神仏分離や廃仏毀釈《はいぶつきしやく》は、一見のかぎりでは、明治維新史上の奇妙で逸脱的な一エピソードにすぎないように見えるかもしれない。それは、変革期にありがちの、狂信的な人々の独りよがりによるもので、一時的には暴威をふるったけれども、結局はそうした独断ぶりは斥けられ、まがりなりにも信教の自由は実現され、仏教も近代社会の要請にふさわしいように生まれかわっていったのではなかったか。

だが、かりにそのようにとらえうるとしても、神仏分離や廃仏毀釈を推進した人々の奇妙な情熱は、どのように理解したらよいのであろうか。また、仏教などの既成宗教が、神仏分離や廃仏毀釈に影響されることで転換したというとき、その内実はどのように把握したらよいのであろうか。さらに、神仏分離と廃仏毀釈という経験をへることで、日本人の精神史的伝統の全体にどのような転換が生じたのであり、そのことは、どのような位置や意味をもつことなのであろうか。またそこに、どのような葛藤や闘争や内的外的な抑圧の問題があったのであろうか。

割りきっていえば、本書は、神仏分離と廃仏毀釈を通じて、日本人の精神史に根本的といってよいほどの大転換が生まれた、と主張するものである。もちろん、この転換は、明治初年の数年間だけでなしとげられたものではなく、その前史と後史とをもっている。しかし、神仏分離と廃仏毀釈を画期とし、またそこに集約されて、巨大な転換が生まれ、それがやがて多様な形態で定着していった、そして、そのことが現代の私たちの精神のありようをも規定している、——本書はそうした視角にたっている。

この転換は、国際社会の力と力の闘技場へ加わろうとしたときの、一つのまだ弱小な民族の自己規定と自己統御にかかわっていた。この力の闘技場へ加わるためには、私たちの民族は、みずからの内的な弱さと不安に対応して、その弱さと不安をいっきょに代償する精神の内燃装置を必要としていた。秘められた弱さと不安とのゆえに、かえって神経症的に持続する緊張と活動性とを生みだしてゆくような精神の装置。だが、そのためには、どんなに大きな飛躍と抑圧とが必要だったことだろう。伝統は、この課題にあわせて分割され、再編成された。そして、緊張にみちた近代史の過程では、そこに生じた心の傷痕をまでかえりみる余裕は、ほとんど欠けていた。

国体神学の抬頭

神仏分離と廃仏毀釈にかかわる政策が、新政府の布告類のなかで具体化してくるのは、祭政一致と神祇官再興と全国の神社・神職の神祇官附属とを定めた慶応四(一八六八)年三月十三日の布告以降のことである。三月十三日は、五箇条の誓文の発布の前日、江戸では、江戸城の無血開城についての折衝が大詰に近づいていた。

これよりさき、いわゆる王政復古の大号令に、「諸事神武創業ノ始ニ基キ」の一句があり、慶応三年十一月十七日の将軍・諸大名への達書のなかには、「神祇官ヲ始《はじめ》太政官夫々旧儀御再興之思召《おぼしめし》」と記されていた。だから、これらの事実からすれば、右の布告は突然にだされたものではなかった。しかし、王政復古から鳥羽伏見の戦い、官軍の東征をへて、佐幕派と公武合体派の敗退があきらかとなり、薩長派に主導された集権国家の構想の優位性が確立された段階で、右の布告はだされ、すぐつづいて神仏分離についてのいくつかの布告がだされた。

王政復古の大号令に神武創業云々の一句をいれたのは、国学者玉松操の意見によったもので、玉松は、建武の中興よりも神武天皇による国家の創業に明治維新の理念を求めるべきだと主張した。神武天皇の国家建設が祭政一致の原則にもとづくものとされたのは、即位前の天皇が丹生《にう》川の川上に天神地祇を祀ったことや、即位の翌年に鳥見山《とみやま》に霊時《れいじ》をたてて皇霊を祀ったことなどに由来するとともに、その国土平定過程が神々の霊威に助けられた神政政治的な様相をもっていたからであろう。こうした記紀の記載を古代の律令制のもとでの神祇官の制度に結びつけて独特の国体神学が構成されたのだが、それが現実政治の場で具体的な役割をはたそうとする時代がやってきたことを、右の布告はあらわしていた。

いうまでもなく、こうした国体神学の抬頭には、水戸学や後期国学につちかわれた歴史があった。しかし、一般的な国体観念や尊王観念はともかくとして、神仏分離や神道国教化政策をささえたような理念が、尊王攘夷運動や倒幕運動のなかに具体的内実をともなうものとして共有されていたのではなかった。そうした国体神学の信奉者たちもたしかに存在はしていたが、彼らは幕末の政治過程では傍流を占めていたにすぎなかった。ところが、新政府が成立すると、彼らは、新政府の中枢をにぎった薩長倒幕派によってそのイデオローグとして登用され、歴史の表舞台に立つことになったのであった。薩長倒幕派は、幼い天子を擁して政権を壟断《ろうだん》するものと非難されており、この非難に対抗して新政権の権威を確立するためには、天皇の神権的絶対性がなによりも強調されねばならなかったが、国体神学にわりあてられたのは、その理論的な根拠づけであった。

こうした政治状況に加えるに、対外関係の緊迫のなかでのキリスト教の影響力についてのつよい不安と恐怖とがあった。キリスト教についての不安と恐怖が誇大妄想的なものになりやすかったのは、それが人心の一般的な動向についての不安と恐怖との反映だったからである。新政府の開国和親政策のもとでは、キリスト教の浸透は不可避だと考えられ、これに対抗するためには、民族的規模で意識統合をはからなければならず、そのためには神道国教主義的な体制が必要だと考えられた。こうした状況把握と課題意識には、今日の私たちには容易に追体験しえない緊迫と焦燥の思いがつきまとっていたが、しかしそれは、近世後期以降の国体思想の主要なモチーフといってよいものでもあった。

神道国教化へ

こうして、時代状況への漠然とした、しかしきわめて大きな不安のもとで、一部の国学者や神道家の主張は、一つの時代を領導するイデオロギーへと発展し、誰も容易には反論することのできない正統性と権威性とを獲得していった。このイデオロギーは、さきの布告のような内容を一つのステップとして、さらに、「皇国内宗門復古神道」に改め、産土社《うぶすな》で氏子改め《うじこあらた》をおこなって宗門改め《しゅうもん》制にかえる、というような方向につながっていた。頂点に宮中祭祀と伊勢神宮をおき、中間に各地の官・国幣社を配し、底辺に村々の産土社をすえ、こうした国家的規模での神社祭祀の統一的体系に日本人の宗教生活の全体を編成し帰属させるという神道国教体制が、その究極目標であった。さきの布告でも、それにひきつづく神仏分離の諸布告でも、廃仏は明言されていないが、神祇事務局や神祇官に結集した急進派にとって、神道国教体制と仏教とはあい容れうるものではなかったし、社会的風潮としても、さきの布告や神仏分離の諸布告は、廃仏を志向するものとしてうけとられた。

国体神学の信奉者たちからはじまって、維新政府の指導者や一部の地方官をもまきこんだこうした目標は、その後の事態の推移からすれば、独りよがりで見当はずれのものだったともいえる。その理由は、一つには、長い歴史のなかで国民生活に根をおろしてきた仏教は、布告や制度改革で除去しうるようなものではなかったし、維新政権は、その出発のはじめから仏教勢力との提携を必要としていたからである。また、べつの視角から考えれば、古代的神政国家的体制のなかでのみ現実的に機能しうる祭政一致や神祇官制が、近代国家としての明治の国家体制の原理になりうるはずはなく、明治の国家体制は、なんらかの程度で欧米のそれを模倣せざるをえない必然性をもっていた、ともいえよう。そして、こうした事情によって、国体神学は、結果的には、神社祭祀という儀礼的側面に後退したのちの国家神道によって、擬似的にひきつがれたにすぎなかったのである。

国体イデオロギーの内面化

しかし、この後退は、国体神学の教説がその個々の教条を離れて、多様な媒介性を介して日本人の精神に内面化されるということによってあがなわれた。だから、明治初年の神仏分離、廃仏毀釈、神道国教化政策をもって、一部の狂信家たちの無謀な試み――→失敗と見ることはできない。一見そのように見える要素を含みながらも、じつは日本人の宗教生活の全体が、それを媒介にしてすっかり転換してしまったのである。

神仏分離や廃仏毀釈という言葉は、こうした転換をあらわすうえで、あまり適確な用語ではない。神仏分離といえば、すでに存在していた神々を仏から分離することのように聞こえるが、ここで分離され奉斎されるのは、記紀神話や延喜式神名帳によって権威づけられた特定の神々であって、神々一般ではない。廃仏毀釈といえば、廃滅の対象は仏のように聞こえるが、しかし、現実に廃滅の対象となったのは、国家によって権威づけられない神仏のすべてである。記紀神話や延喜式神名帳に記された神々に、歴代の天皇や南北朝の功臣などを加え、要するに、神話的にも歴史的にも皇統と国家の功臣とを神として祀り、村々の産土社をその底辺に配し、それ以外の多様な神仏とのあいだに国家の意思で絶対的な分割線をひいてしまうことが、そこで目ざされたことであった。

神仏についての多様な信仰は、存続しつづけようとするかぎり、こうした分割をなんらかの意味でうけいれ、むしろすすんで内面化してゆかねばならなかった。明治四(一八七一)年の東本願寺の上奏文案に、

我宗ニ崇ムル所ノ本尊ハ弥陀《みだ》如来《にょらい》ト申テ、乍レ恐《おそれながら》皇国天祖ノ尊《みこと》ト同体異名ニシテ、智慧ヨリ現レテハ天《あめ》ノ御中主尊《みなかぬしのみこと》ト称シ奉リ、慈悲ヨリ現レテハ弥陀如来ト申シ候。

とあるのは、今日からいかに滑稽に見えるにしろ、けっして例外的な諂諛《てんゆ》の言葉ではなかった。むしろ、のちにのべるように、真宗はその宗教としての独自性をもっともよく守り、真宗の存在こそが神道国教主義的な宗教政策を失敗させる根拠となったのだが、しかし、その真宗でさえ、国家のさしだす神々の体系にほとんど破廉恥に身をすりよせていったこともあったのである。

神々の体系

あらたに樹立されていった神々の体系は、水戸学や後期国学に由来する国体神学がつくりだしたもので、明治以前の大部分の日本人にとっては、思いもかけない

ような性格のものだった。伊勢信仰でさえ、江戸時代のそれは農業神としての外宮に重点があり、天照大神《あまてらすおおみかみ》信仰も、民衆信仰の次元では、皇祖神崇拝としてのそれではなかった。

だが、天皇の神権的絶対性を押しだすことで、近代民族国家形成の課題をになおうとする明治維新という社会変革のなかで、皇統と国家の功臣こそが神だと指定されたとき、誰も公然とはそれに反対することができなかった。当時の日本人の宗教意識に現実に可能であったことは、そうした神々への崇拝をできるだけ儀礼的な次元におしこめ、その代償として、そうした神々への崇拝に含意されていたはずのイデオロギー的内実を内面化し、国家意思の前にそれぞれの宗教の存在価値《レーゾン・デートル》を証《あかし》することだった。それは、近代日本の天皇制国家のための良民鍛冶《たんや》の役割を各宗教がにない、その点での存在価値を国家意思の面前に競いあうことであった。

この良民鍛冶の役割からすれば、仏教の反世俗性や来世主義、また信仰生活の遊楽化などは、克服されねばならなかった。しかし、仏教よりもさらにきびしく抑圧されたり否定されたりされなければならないのは、民俗信仰であった。幕藩制下において民衆教化の実績をもつ仏教は、ほぼ明治三年末をさかいとして、国家の教化政策の側に組みいれられる方向にすすみ、民俗信仰への抑圧は、それ以後いっそうきびしくなっていったという全体状況の推移は、右のような事情によるものだった。

よりひろい視野からすれば、民俗信仰の抑圧は、明治維新をはさむ日本社会の体制的な転換にさいして、百姓一揆、若者組、ヨバイ、さまざまの民俗行事、乞食などが禁圧され、人々の生活態度や地域の生活秩序が再編成され、再掌握されてゆく過程の一環、そのもっとも重要な部分の一つであった。この過程を全体としてみれば、民衆の生活と意識の内部に国家がふかくたちいって、近代日本の国家的課題にあわせて、有用で価値的なものと無用・有害で無価値なものとのあいだに、ふかい分割線をひくことであった、といえよう。分割線の向う側にあるのは、旧慣・陋習《ろうしゅう》・迷信・愚昧などであり、それらの全体が否定性をおびさせられていた。こうした否定性を本来的におびさせられた諸次元が、みずからの側に独自の価値や意味を構成し、それを分割線のいま一方の側に提示しぬくことは、もっとも困難なことであった。そのため、広汎な民衆のあいだに鬱屈した不安や不満が蓄積されていっても、それは時間の経過のうちに曖昧に押し流され、結局のところは、近代化してゆく日本社会の通念への同調化がすすんでゆかざるをえなかったのである。

過剰同調的特質

近代社会への転換にさいして、旧い生活様式や意識形態が改められ、民族的な規模でのあらたな生活や意識の様式が成立してゆくのは、どの民族にも見られる普遍史的な事実であり、それは、近代的な国家と社会の成立をその基底部からささえる過程である。だが、日本のばあい、近代的民族国家の形成過程は、人々の生活や意識の様式をとりわけ過剰同調型のものにつくりかえていったように思われる。神仏分離にはじまる近代日本の宗教史は、こうした編成替えの一環であり、そこに今日の私たちにまでつらなる精神史的な問題状況が露呈しているのではなかろうか。

今日、私たち日本人の大部分は、宗教とはあまりかかわりのない実利的世俗的な生活様式と生活意識とをもっている。ところが、この実利性と世俗性の反面で、正月の初詣《はつもうで》に神社に参詣する日本人は七千万人に近いといわれ、旧い世代よりもいっそう脱宗教的に見える若者たちも、結婚式はたいがい神式でおこなっている。日常的には神社崇拝とほとんど無縁な私たちではあるが、元旦や結婚式や家屋の新築などに関しては、神社神道の世話にならないと、どこかおさまりが悪く、内心におちつきと安らぎがえられないらしい。

だが、なんとなく旧い由来をもつ信仰的習俗のように思いやすい有名神社への初詣や神前結婚式は、実際にはそのようなものではない。初詣に三百万人も参詣するという明治神宮が、六十年あまり以前に造営されたことはいうまでもないとしても、一般には旧い由来をもつと思われているかもしれない神前結婚式は、明治三十三年に、のちの大正天皇の婚儀にさいして定められた様式が、やがて民間に普及したもので、それが今日のように一般化したのは、ごく最近のことであろう。

これらの宗教的行為がふかい宗教性なしになされるのは、その由来からしても当然のことなのである。ふかい内省なしに、雑多な宗教的なものがほとんど習俗化して受容されている、といえよう。そして、ほとんど無自覚のうちにそのなかに住むことを強要してくる習俗的なものが圧倒的に優勢で、そこからはみだすとおちつかなくなり、ついにはほとんど神経症的な不安にさえとりつかれてしまうところに、私たちの社会の過剰同調的な特質があるのであろう。

私たちの社会のこうした体質をつくりあげる諸契機として、どのような歴史的動因がはたらいていたのであろうか。神仏分離と廃仏毀釈についての歴史的な考察は、こうした精神史的な問いに、ささやかな手がかりを与えてくれるものと信ずる。

I　幕藩制と宗教

1　権力と宗教の対峙

「一向宗のもとい」

天文二十四（一五五五）年の「相良《さがら》氏《し》法度《はっと》」のなかに、つぎのような禁制がある。相良氏とは九州の小さな戦国大名、戦国の争乱もたけなわのころのことである。

一、他方より来り候ずる祝《はふり》・山伏・物しり、宿を貸すべからず候。祈念等あつらへべからず。一向宗基《もとい》たるべく候。

一、一向宗之事、いよ〳〵法度《はっと》たるべく候。すでに加賀の白山もえ候事、説々顕然ニ候事。

一、男女によらず、素人の祈念・医師《くすし》取いたし、みな一向宗と心得べき事。

第一項にいう「祝・山伏・物しり」は、祈禱や卜占をおこなって各地を巡歴する宗教者のことであるが、もとより一向宗に所属していたわけではない。この文書の面白さは、一向宗とは無関係のはずのこれら宗教者たちが、一向宗のもといだとされ、素人による祈念祈禱や医師取りまでが、一向宗と同一視されているというはなはだしい混同ぶりにある。

だが、それぞれの宗教活動への内容的理解をまったく欠いているように見えるこの混同も、領域権力の確立をいそいでいる相良氏の立場からは、それほど見当はずれの誤りをおかしたというのではなかった。遊歴の宗教者たちと一向宗とは、①大名領国の外からやってきてまた出てゆく他所者《よそもの》であること、②なんらかの神秘や怪異によって人々の心をとらえるものであること、③②によって、大名権力が編成しようとする身分制的な政治的社会的秩序とは異なった原理で人々を結びつけうること、などにおいて、たしかにある共通性をもっていたともいえるからである。そして、事実問題としても、ここにいうような遊歴の宗教者たちが半僧半俗の毛坊主などとなって、一向宗の普及に一役買うばあいもあったものと思われる。まだ幼弱な地域権力としての相良氏にとって、遊歴の宗教者たちでさえ、相良氏の樹立しようとする秩序とは異質なものであり、そこに内包されている可能性の延長線上でとらえてみれば、相良氏の編成しようとしている秩序を脅かしうるものだとすれば、一向宗に象徴されるような宗教的なものと政治権力との原理的なあい容れなさには、ひろくてふかい根拠があったことになろう。

三河の一向一揆

右にのべた「相良氏法度」の規定は、一向宗のさかんな地域の経験に学んだものと思われるが、実際に一向宗の跳梁《ちょうりょう》する地域の領域権力にとっては、一向一揆との戦いは、いっそう切実な課題であった。ここでは、三河の永禄六(一五六三)年の一揆が、徳川家康の領国支配にとってどのような意味をもっていたかを考えてみよう。

三河には、佐々木上宮寺、針崎勝鬘《しょうまん》寺、野寺本証寺、土呂本宗寺を中心として、強固な一向宗の教団が編成されていた。永禄六年、右の寺院を中心に一揆がおこったが、そのなかには家康の有力家臣たちがふくまれていた。彼らは、家康がみずから討伐にむかうと、槍を引きずってたちまち逃げたが、家康が退くとまたひき返してきて、家康麾下《きか》の軍勢を破った。彼らは、一向宗徒としての結集と家康とのあいだの主従関係という二重の結合のもとにあり、この二重性は、一揆の渦中でも維持されていたのである。

ところで、一揆討伐に手を焼いた家康は、一揆参加者の赦免、「寺内《じない》」をたてることを以前と同様にゆるす、一揆の首謀者を処罰しないという三条件を認めた起請文《きしょうもん》を書き、一揆と和睦した。しかし、戦いが終ると、家康はたちまち起請文を反故《ほご》にし、主謀者を追及するとともに、家臣たちに一向宗の棄宗を命じた。そして、起請文には前々のごとくにするとあるではないかと抗議されると、「前々ハ野原ナレバ、前々ノゴトク野原ニセヨ」と命じて、寺院を破壊してしまった。こうして、「寺内」をよりどころとした一向宗徒としての結合は解体させられ、多くの家臣や坊主たちは三河を去った。そのため、家康は、一面では有力な家臣たちを失ったが、他面では家康への全人格的献身だけに生き甲斐を見いだすようなあたらしい性格の家臣団をつくりあげることができた(『三河物語』)。家康の覇権を支えた強固な主従制は、このようにしてつくりだされた。

家康が大名領国形成の過程で一向宗をきびしく抑圧したのにたいして、信長は統一権力を形成する過程で、くり返して一向宗と対決した。信長は、伊勢長島、紀州雑賀《さいか》、越前などで一向宗と戦い、最後には石山本願寺で顕如のひきいる一向宗と対決した。信長の支配圏は、一向宗の勢力のつよい地域にほぼ照応しており、それとの対決が、統一権力樹立のための必須の条件だったのである。

信長の宗教政策

信長の一向一揆討伐の特徴は、降伏を乞うても許さず、全滅策をとったということである。戦国大名との戦いでは、降伏を求めて当該大名権力をそのまま信長麾下の部将としてくみいれたり、大名個人やその一族は亡ぼしても、家臣団の大部分は武士身分にとりたてられたりしたから、一向一揆にたいするばあいと顕著なちがいがあった。一向一揆にむかうときの残虐さは、裏切り者にたいするときの態度に似ていた。越前で一向宗を討伐した信長は、「府中町にて千五百ほどくびをきり、その外、近辺にて都合二千余きり候。……府中町は死がいばかりにて、一円あき所なく候。見せたく候」と、その手紙で自慢した。

一向一揆の討伐のほか、信長は比叡山を焼き、高野山や興福寺などにたいしてもきびしい政策をとった。しかし、キリシタンにたいしては、信長は、貿易の利益と僧侶への憎悪から歓迎の態度をとった。好奇心のつよい信長は、宣教師のもたらす文物に関心がふかかったが、また、キリスト教のいくつかの側面は模倣して、みずからの権威づけと神格化に役立てようとした。

秀吉も、キリシタンにたいして、はじめは信長とおなじような態度をとり、中国征服の野望を宣教師たちに語って、中国を征服したら各地に聖堂をたててやろうとか、日本の半分あるいは大部分をキリシタンにすべきだとかのべて、彼らを喜ばせた。

キリシタン禁制

だが、天正十五(一五八七)年、島津氏を伐って九州を平定すると、秀吉は、はじめてキリシタン禁制を定めた。この禁制は、長崎の教会領を念頭においたもので、統一権力者としての秀吉にとって、国内にその政令の及ばぬ土地があることを容認するわけにはゆかなかったのである。右の禁令では、こうした教会領の存在が、一向宗の支配する「寺内」に類比してとらえられている。かつて一向宗門徒は、領主権力から自立した「寺内」をたて、領主へ年貢を納めないようになり、ついには加賀・越前のように一向宗が支配する国さえ生まれ、「天下之さわり」になった、大名やその家臣のキリシタン化は、「寺内」とおなじような自立的な地域をつくることとなり、一向宗以上の大きな害悪になるだろう、というのである。この禁制はあまり守られなかったが、それは、宣教と貿易が密接に結びついているという実状のもとで、貿易は歓迎するが宣教は禁止するという政策は、有効でなかったからである。きびしい禁教令が布かれ、宗門改《しゅうもんあらた》めがおこなわれるようになるのは、慶長十七(一六一二)年以降のことである。

家康のキリシタン禁制には、西国大名や浪人を統制し、キリシタンと反徳川的勢力との結びつきを押えるという狙いがあった。しかし、こうした目前の政略のほかに、この禁教政策のうちには、キリシタンは、① 異国から渡来した他所者の教えであること、② デウスという、この世の人倫的秩序原理とは異質なものを信じていること、③ ②によって人々の「心」を奪い、刑罰も死も恐れない人々の結びつきをつくっていることなどにおいて、本来的に反秩序的な存在だという意味がこめられていたと思われる。こうした特質において、キリシタンは、一向一揆や不受不施《ふじゅふせ》派やさまざまの宗教的妖言などと類をおなじくしながらも、しかもなおいっそう反秩序的な異端であった。江戸時代の宗教統制が、キリシタン禁制を軸にして展開されてゆくのは、こうしたキリシタンの性格のゆえに、キリシタンというもののうちに宗教がもついっさいの反秩序性・異端性を集約させることができたからであった。

憎悪と恐怖

信長の一向一揆討伐や島原の乱にたいする幕府の鎮圧が、わが国の歴史においてもっとも苛烈な性格のものであり、自民族内の戦いでもっとも多くの血が流されたのは、これらの宗教一揆討伐にさいしてであったこと、わが国の歴史においてもっとも残酷な刑罰がおこなわれたのも、幕政初期のキリシタンにたいしてであったことなどは、宗教的なものにたいする国家権力の憎悪と恐怖とを語りあかすものだった。

秀吉や家康は、みずからはたいして神仏を崇敬していなかったのに、キリシタンを禁ずるにあたっては、日本が神国であることや仏教国であることを強調した。これにたいしてキリシタンは、崇伝が「伴天連《ばてれん》追放之文」でのべたように、「邪法を弘め、正宗を惑はし、以て域中の政号を改めんと欲す」るものであるがゆえに、「大禍の萌し」であるとされた。キリシタンへの対抗にかかわっては、神道も仏教も現世の秩序を守護し権威づけるものとして動員され、キリシタンは、その宗教活動によって人心をとらえることを通じて、じつは政治的社会的秩序を壊滅させてゆく敵として位置づけられたのであった。

『破提宇子《はだいうす》』や『破切利支丹《はきりしたん》』のような排耶書が、もっとも力をこめて非難したのは、

万事ニ越《こえ》テ、𠂊《でうす》ヲ大切ニ敬ヒ奉ルベシトハ、主人ヨリモ父母ヨリモ、此𠂊ヲ猶《なお》重ジ奉テ、𠂊ノ御内証ニ背ク義ナラバ、主、ヲヤノ命ニモ随フベカラズ、身命ヲモ惜ムベカラズ。如何ニ況《いわん》ヤ其余ニ於テヲヤ。（『破提宇子』）

というような、超越神信仰の性格であった。告解《こくかい》や殉教というキリシタンがとりわけ重んずる宗教行為は、この超越神信仰の一側面ではあるが、日本の伝統のなかに見いだすことのできない、いっそう無気味な反秩序性をはらんだ行為だとみなされた。というのは、たとえば告解は、懺悔《ざんげ》によって罪が消えると教え、父母殺しなどの五逆罪や国家への謀反反逆の罪さえも同様だとしているが、それでは、「偏《ひとえ》ニ科《とが》ヲ犯シテモ苦シカラヌ物ゾト弘ムル同前」のこととなり、したがってキリシタンは、「残賊ノ棟梁、謀反殺害人ノ導師」とさえしなければならないものだったからである。さらに彼らは、「マルチル」（殉教）といって、宗義のために身命を捨てるこ

とを重んじているが、これでは刑罰の効果が失われ、いかなる名君賢相も勧善懲悪の手段を失ってしまうのである(同右書)。

ここで、宗教的な妖言などで人心を惑わすものが、古代律令制のもとでももっとも重い刑罰の対象とされたことを付言しておこう。

律令制下の禁制

たとえば、令制の僧尼令では、「玄象《げんしょう》を観《み》、仮《いつわ》って災祥を説き、語《こと》国家に及び、百姓を妖惑し、并《あわ》せて兵書を読み、人を殺し、姧《けん》し、盗し、及び詐《いつわ》りて聖道得たりと称」するものは、僧尼の身分をうばい、俗人と同様の刑に処せられる、と定められていた。これは、僧尼令のなかではもっとも重い刑罰で、卜占・妖言の類で人心を惑わすものが、殺人や盗みと同類の犯罪とされていたことがわかる。また、天平年間の詔勅にも、「内外文武百官および天下の百姓の、異端を学習し、幻術を蓄積し、厭魅《えんみ》呪詛《じゅそ》して、百物を害傷する者あらば、首《しゅ》は斬《ざん》し、従は流せ……」と記されていた。律令制下のこうした禁制は、古代中国の制度や思想に由来するもので、たとえば『礼記』では、「淫声・異服・奇技・奇器を作し、以て衆を疑はしむるものは殺す、……鬼神・時日・卜筮《ぼくぜい》をかりて、以て衆を疑はしむるものは殺す」とされていた。

これらの事例で、具体的に念頭におかれている宗教的なものの内容は、それぞれ異なっている。しかし、宗教的なものが人心を惑わすことを国家が恐れ、国家が宗教的なものの上にたって、死罪をふくむもっとも重い刑罰でこれに臨んでいるという点では、共通する特質が見られる。自然崇拝をふくむ多様な鬼神を国家の手で祭祀することで、政治的秩序がかたちづくられている古代の神政的国家にとって、卜占・妖言などで人心を惑わすものは、国家にたいする反逆にほかならなかったのである。

さまざまの怨霊《おんりょう》にしろ、あらたな教団や宗派にしろ、宗教的なものの跳梁を国家が座視するほかなかった中世という時代をへて、幕藩体制の成立期には、古代アジアの専制的国家のこうした初心がふたたびよみがえったのであろう。そして、あらたな統一権力が直面したのは、教義的にも組織的にもはるかに発展した段階にある一向宗、日蓮宗、キリシタンなどであったから、その禁圧策もいっそう組織的で悽惨なものとならざるをえなかったのであろう。

秩序の敵

もちろん、あたらしい統一権力が成立してゆく過程で、権力の前にたちふさがっていたのは、宗教勢力だけではなかった。中世後期に一般的な地域的な一揆、党、惣村などの横断的結合は、その秩序原理において、戦国大名から織豊政権をへて幕藩制国家にいたる過程でつくられていった上下の身分制的秩序編成に、対立するような性格をもっていた。戦国大名の分国法以来、私の誓約、私の婚姻、他領の者との私信などが禁じられ、争いごとの自力救済が禁じられて喧嘩両成敗が家臣団統制の重要な原理になってゆくのも、君主権の絶対性のもとに、地域の社会関係が上下の身分制的ヒエラルキーへと一元化されてゆくことの具体的側面だった。宗教への抑圧は、こうした秩序編成の一環にほかならなかったが、ただ、人間の幻想形成力の次元では、宗教的なものの自在な跳梁こそが、こうした秩序編成の主要な敵だったのである。

仏教に比べれば、現世の人倫関係についての具体的教説である儒教は、あたらしい秩序を根拠づける思想としてふさわしかった。中世には禅宗の寺院などで学ばれていた儒教が、独立の教説として重んじられるようになったのは、十六世紀末以降のことであるが、そこには、あたらしい時代の要請に応えるという性格があった。といってもそれは、儒教の哲学的側面や普遍主義的側面が、ひろく理解されるようになったということではない。儒教は、五倫を説いたが、五倫(君臣・父子・夫婦・兄弟・朋友)は、朋友をのぞいて上下の身分的関係であり、父子・夫婦・兄弟の三倫は、家を媒介として君主への奉公につらなっていたから、人間関係の全体を君主権を中核とする上下の身分制的秩序に一元的に編成する論理として、ふさわしかったのである。儒教が、怪・力・乱・神を語らぬ現世的教説であることも、宗教への対抗という点では好都合だった。

権力者の神格化

だが、十六世紀末から十七世紀はじめにかけて、儒教の影響力はまだ小さく、幕藩体制を根拠づける支配の思想としての地位を獲得してはいなかった。林羅山が幕府に登用されたといっても、その地位は低く、民間の儒者の活動は、いっそう稀だった。こうした事情のもとで、秀吉や家康のキリシタン禁制が、日本を神国あるいは仏教国としたように、神仏の宗教勢力も、幕藩体制を権威づけるために動員されたことは、すでに指摘した。しかし、他方で、あたらしい権力者は、彼ら自身が個々の宗教的存在をこえる絶対性と超越性をもって君臨したために、みずからを神格化する傾向があった。

政治的権力者自身を神格化する方向に道を拓いたのは、信長であった。たとえば、信長の死の年、天正十(一五八二)年につくられた安土の総見寺は、信長を神体とし、それに祈願すれば、富・子孫繁栄・長寿・平和・病気治癒などのすべてが得られるが、不信者は、現世でも来世でも亡びるとするものだった。総見寺とは、現世と来世を総見する至高神＝信長を祀るという意味で、信長は諸国から仏像・神像をあつめてそれらに己れを崇拝させ、自分の誕生日を「聖日」に定めた(朝尾直弘「「将軍権力」の創出」)。あたらしく成立してきた統一権力の従来の宗教勢力への優位性の確認が、権力者自身の神格化を通じてなされたのである。こうした権力者自身を神格化する態度は、秀吉や家康の時代にもうけつがれ、地方の大名なども神格化された。藤堂高虎は、あるとき領内の寺院で、釈迦は一体か二体かとたずね、「釈迦は二体なり。一体はインドの浄飯《じょうぼん》大王の子、いま一体は殿様である」と答えられて満足したという(石田一良「上下のモラル」)。あらたな権力者たちは、死後に神格化されただけでなく、生前にも神として祀られた。

現世の権力者や功績ある者が神として祀られるようになるのは、この時代より以降のことである。中世においては、この世に遺執を残して非業の死をとげた人々の霊だけが特別に祀られた。こうした人々の霊は、この世にとどまって災厄をひきおこすから、それをなだめるために祀られる必要があったのである。仏教や神道は、こうした御霊《ごりよう》を慰撫するものであって、御霊が若宮として祀られることが多いのは、主神の威力で御霊が慰撫され、その祟りが抑制されるからであった。こうした御霊信仰は、百姓一揆の指導者や切腹した武士が祀られるというようなかたちで、江戸時代にもひきつがれていった。しかし、幕藩体制の成立期をさかいとして、現世の秩序を脅かすような神的威力は零落し、権力者やそれに仕えて功績あるものの方が、より優位の神格として祀られるようになった。

武士道書の世界

といっても、この逆転は、江戸時代においては、極限までおしすすめられたのではない。江戸時代の社会においては、自然現象はなお一般的には宗教的性格をもったものとして意識され、さまざまの怨霊や祟り神や流行神や怪異譚などにもそれなりの位置と意味があたえられて、それらが百姓一揆や流行神信仰にさいして広汎な人々を動かす力をもつことも少なくなかった。しかし、それにしても、現世の権力者とそれに仕えて功績あった者を神として祀るというあたらしい観念が成立したことは、皇祖皇統とそれに仕えて功績あった者だけを神として祀るという、国体神学の原理の源流としての意味をもつ事実であった。

『葉隠《はがくれ》』が、「釈迦も孔子も楠も信玄も、終に竜造寺・鍋島に被官被レ懸《かけられ》候儀無レ之《これなく》候えば、当家の風儀に叶ひ不レ申事に候」とのべたように、近世の武士階級には、主君への献身だけにその全人格を傾注できるようなところがあった。『葉隠』が、「武士道は死狂ひ」といい、主君への奉仕を「忍恋」にたとえたように、主君への献身のなかにみずからの全人間的な情念をも燃焼しうるなら、君臣関係とはべつに宗教的なものがはいりこんでくる余地はほとんどないか、宗教的なものは、君臣関係で構成される世界を補足するにすぎないだろう。いわゆる武士道書の世界はこうしたもので、たとえば大道寺友山も、「はるか西天竺の仏のよしなる観音・薬師・地蔵」や「本朝上代の諸神連」を神仏として崇め、「東照宮様へ御疎遠」なのは、恩知らずだといい、病気その他の立願も東照宮へせよと教えた（古川哲史『近世日本思想の研究』）。主君の権威が神仏を超えるほどの絶対性をもつなら、主君への全人格的全情誼的結びつきのなかで、宗教的なものへの願望も代替され、燃焼しつくすことになるのであろう。

民衆生活のなかの仏教

だが、大部分の民衆がこうした意識の世界に住んでいなかったことは、いうまでもない。民衆の宗教意識は、地域の氏神《うじがみ》、さまざまな自然神、祖霊崇拝と仏教、遊歴する宗教者の活動などと複雑なかかわりをもっていた。寺檀《じだん》制と本末《ほんまつ》制は、民衆のこうした宗教意識の世界に権力が踏みこんで、民衆の心の世界を掌握する制度であった。宗門改めと寺請《てらうけ》制が、キリシタン問題がすでに現実の政治課題でなくなった一六七〇年代に、かえって制度として整備されるのは、その民衆支配の手段としての性格をものがたる事実である。十六世紀末まで、政治権力としばしば争った仏教は、その民心掌握力のゆえに、このようにしてかえって、権力体系の一環にくみこまれた。仏教は、国教ともいうべき地位を占め、鎌倉仏教がきり拓いた民衆化と土着化の方向は、権力の庇護を背景として決定的になった。

だが、江戸時代に仏教がはじめて国民的規模で受容され、日本人の宗教意識の世界が圧倒的に仏教色にぬりつぶされるようになったのは、権力による庇護のためだけではなかった。民衆が仏教信仰を受容するようになった民俗信仰的根拠は、さしあたり次の二点から理解することができよう。

第一は、仏教と祖霊祭祀の結びつきで、これを集約的に表現するのが仏壇の成立である。仏壇は、中世村落の名主《みょうしゅ》・地侍《じざむらい》層などが、みずからの信仰修養や先祖の菩提を祀るために設けた屋敷の内外の持仏堂《じぶつどう》に由来するもので、寺請制・寺檀制と小農民経営の一般的成立とを背景として、近世前期にはどの家にも祀られるようになっていった。農村でも都市でも、家の自立化が家ごとの祖霊祭祀をよびおこし、それが仏教と結びついた。そして、家ごとに仏壇が成立したことが、他方では神棚の分立をもたらした、という(竹田聴洲「近世社会と仏教」)。

願望充足としての宗教

第二は、多様な現世利益的祈禱と仏教との結びつきである。観音・地蔵・薬師などはその代表的なもので、これら諸仏はやがて、子安観音、延命地蔵など、多様に分化した機能神として、民衆の現世利益的な願望にこたえるようになった。もちろん、現世利益的な祈願は、仏教系のものにだけ捧げられたのではないが、神道系や修験《しゅげん》系のものなども仏教との習合がいちじるしく、区別することが困難なことが多かった。各種の参詣講、飲食や娯楽の機会ともなった地域の講、開帳《かいちょう》や縁日などもふくめて、民衆の日常生活のなかにあるさまざまの願望が、仏教の様式をかりて表出されていった。

寺檀制によって民衆を特定寺院へ繋縛し、その寺院を本末制度によって統制するという点では、幕藩権力の宗教支配は、きわめて徹底したきびしいものだった。しかし、民衆の信仰内容の具体相は、支配の大枠に背かないかぎりでは、権力の直接的な関心事とはならなかったから、そこに民衆の多様な宗教的願望が自由に展開されてゆく可能性が残されていた。権力が統制しようとしたのは、かくれキリシタン、不受不施派、かくれ念仏のような宗教的異端のほか、在家法談、夜談義、謂れのない人集め、遊行勧進僧《ゆぎょうかんじんそう》の入国、新法異説、流行神などで、そこで権力の関心事となっているのは、信仰的内容というよりも人々の行動の様式であった。人々が奇怪な異説にはしったり、あらたに人集めなどをはじめないかぎり、民衆の日常のなかにある多様な宗教生活には、民衆の宗教的関心に応じて、それなりに自由な発展の可能性があった。さまざまの祭礼、開帳、参詣講の盛況などのなかに、近世の民衆の宗教的願望のあたらしい充足のありようを見てとることができる。

2　近世後期の排仏論

こうして、幕藩権力は、もっともひろい意味での宗教現象と宗教勢力にたいして、支配の大枠はきびしく設定していたが、その枠内では人々の宗教的願望のおもむくままに、ほぼ放任していたのである。そして、こうした宗教政策の原則は、幕府権力が外からも内からも有力な敵に脅かされていないかぎりでは、十分に有効で、むしろ民衆統治の上で有意義な方法であった。幕藩権力の圧倒的な権威性という枠組のなかで、祭礼やさまざまの宗教行事が、人々を日常生活の鬱屈から一時的に解放するカタルシスの機会となることは、そこにさまざまの逸脱が派生しうるとしても、全体としてはかえって、社会体制の安全装置としての意味をもつことになるからである。ところが、幕藩体制の動揺がふかまってくると、権力が民衆の宗教生活の内実を直接的に掌握していないということは、異なった意味をもつようになってくる。

徂徠の祭祀論

この問題をはじめてとりあげたのは、おそらく徂徠学派であった。荻生徂徠は、制度についての具体的な検討をおしすすめることで幕藩制の危機をのりこえる方策を見つけだそうとしたが、そうした制度の根幹にあたるものとして、政治権力が天・命・鬼・神を祭祀することの重要性を説いた。朱子学の形而上学的自然観を批判した徂徠は、天・命・鬼・神などの超自然的存在を承認したが、その意思をはかりコントロールするためには、祭礼や卜筮《ぼくぜい》が大切だというのである。宗教的色彩のうすい『論語』や『孟子』からは、こうした考え方は成立しにくいが、徂徠が重んじた六経《りくけい》では、神政国家的な祭祀や呪術の占める位置が高いので、右のような考え方は、徂徠の古典研究の必然的帰結でもあった。さらに徂徠は、六経における祭祀についての教えとおなじような思想が、わが国の古代にも見られるとし、「天祖(天照大神)、天を祖とし、政は祭、祭は政にして、神物と官物と別無し」というような祭政一致制をたたえる文章をつくったりした。

春台の淫祀批判

徂徠のこの思想をうけつぎ、国家が祭祀をおこなっていないことに「国家ノ闕典《けってん》」を見たのは、太宰春台だった。春台は、「凡《およそ》天地ノ間ニアラユル事トイフ者、人ノ為スコトノ外ハ、悉ク神ノ所為也。人ノナスコトモ、人力ヲ尽シタル上ニ、其事ノ成就スルト、成就セザルトハ、神ノ助ニ依ル也」と、この世界は、根元的には神力に依存しそれに動かされているものだと考えた。だから、神を祀ることを政治の根本におかねばならないのだが、いまはそうした制度はすっかり廃滅していると、春台は嘆いた。

日本ニテハ、天子諸侯自身ニ祭ヲ行ヒ玉フコトナシ。巫祝《ふしゅく》ノ徒ニ任セテ行ハシメテ、自身ニハ斎戒ヲモシ玉ハズ。是甚《はなはだ》粗略也。何ニテモ祈禱ノコトアレバ、浮屠《ふと》、巫祝、修験《しゅげん》等ヲ憑《たのん》デ其法ヲ行ハシメテ、自身ニハ嘗《かつ》テ其事ニ預カラズ。凡神ヲ祭ルハ、自身ニ斎戒沐浴シ、衣服ヲ改メ、不浄ヲ禁ジ、誠敬ヲ尽サズシテハ、神ノ納受アルコトナシ。（『経済録』）

およそ鬼神には祀るべきものと祀るべきでないものとがあり、前者については、どの鬼神はどの身分のものが祀るべきかということについて、くわしく定められているはずだ。そうした鬼神については、それぞれ、その地位にある者がみずから斎戒沐浴して祭祀をおこなわなければならない。これにたいして、祀るべき道理のない神を祀ることを淫祀といい、「凡民間ノ淫祠ヲバ、上ヨリ厳ニ禁ズルヲ善キ政トス」。もし民間に祀るべき鬼神があれば、天子より爵位を定めてその尊卑をあきらかにして祀るべきであり、民衆が勝手に「正一位」などと位をつけてはならない、と春台は論じた。「凡祭ニハ、必《かならず》主人アリ。天子国君モ、重キ祭ハ必ズ自身ニ行ヒ玉フ。其時ハ天子国君 則《すなわち》 祭主也」という祭政一致制は、民衆が道理のない鬼神を祀ること＝淫祀に対抗するものだったのである。

竹山の排仏論

中井竹山《ちくざん》『草茅危言《そうぼうきげん》』は、近世排仏論を代表する文献の一つであるが、その仏教を論じた一節の冒頭は、

仏法ハ天下古今大害タル事云ヲ待ズ。……歴年帝王ノ内、仏説ヲ排シ、寺院ヲ廃、僧尼ヲ禁ジタルハ、皆賢君ニテ、闇君ハ一人モ無……仏説ヲ信ジ堂塔ヲ建テ、僧尼ヲ度スルハ、皆暗君ニテ、賢君一人モ無。

となっている。仏教を「天下古今大害」とする理由は、すぐつづいて、「就レ中《なかんずく》此害尤《もっとも》深キハ一向宗也」とし、一向一揆についてのべていることからして、その政治権力との対抗的性格にあったものと考えられる。もちろん、近世の仏教が直接に権力に敵対していたのではないが、地獄極楽などの「荒唐」を説いて民衆の心をとらえる仏教は、竹山の立場からすれば、此岸の人倫的秩序への服従を説く儒教とはあい容れないのであり、潜在的には反秩序性をたえず秘めている「異端」だった。神惟孝《じんいこう》『草茅危言摘議』が、「寺院僧徒ハ国ノ蠹《と》(木食虫)ナレバ、制セザレバ又蜂起スベシ」としているのも、おなじ立場から竹山に賛同したものであろう。

『草茅危言』、竹山の弟子中井履軒《りけん》の『年成録』、正司考祺《こうき》『経済問答秘録』など、近世排仏論を代表する著作が、もっとも強く攻撃したのは、既成教団では一向宗、ついで日蓮宗であり、また既成教団には所属しない廻国の行者、修験、乞食坊主などの活動であった。さらに、かならずしも仏教には属さない、民間信仰的な祈禱、勧化《かんげ》、祭礼なども、重要な関心事だった。

竹山たち経世家の立場からすれば、これらの宗教活動の内容がさしあたってはなんらかの反権力性や反秩序性をもたず、また素朴な俗信の表現などにすぎないとしても、人々の心がなにかある宗教的幻想にとらえられてしまうということが、それ自体として反秩序性を内包することであった。儒者たちの此岸的合理主義からすれば、僧侶も民間の巫祝《ふしゅく》・山伏《やまぶし》なども、荒唐無稽な狂言や俗信をひろめるものであったが、しかし、それだけにいっそう、いったん彼らの教説や行法に心を奪われた人々を、儒教の人倫の教えによって説得することは難しいと考えられた。民衆が来世往生を願って本山に金穀を納めたり、現世利益的な信仰に走ったり、祭礼や参詣講に多くの金銭を浪費したり、勧化寄附を強要したりするのは、いずれにしろ、民衆の心が現世の人倫的秩序のそとの世界にとらえられていることを意味するが、そうした世界の魔術的な魅力と威力とは、底知れない反秩序のカオスの存在を示唆しているようにうけとられていた。だから、権力の手の届かないところでなされる宗教活動は、それがまだ萌芽のうちに禁圧されなければならないのであった。

宗教への恐れ

このように考えると、たとえば一向宗の報恩講、法談、念仏講、行者講なども、さしあたってはなんらの反権力性や反秩序性をもっていないとしても、権力の手の届かないところで人心を結集してゆく具体的な形態だということになる。廻国の修験や行者も、彼らの活動が権力の統制のそとにあるという点では同様である。「諸宗旦越《だんおつ》在家にて年忌法事及諸斎会・誦経・説法する事皆あしゝ、念仏講・行者講まで皆禁ずべし」、「在家にて般若転読も禁断すべし」(『年成録』)、「庶人ハ仮ニモ五人ト集ムルベカラズ。説法ハ勿論、寺ニ人ヲ寄スル事重ク禁ズベシ」(『経済問答秘録』)。そして、一見すればほとんど妄想的にさえ思えてくる宗教的なものと民衆との結びつきにたいする恐怖と用心ぶかさは、一向一揆やキリシタンの経験をかえりみれば、妄断でも神経過敏でもない……。

今門徒僅《わずか》六百年ヲ歴《へ》テ、天下ニ滋蔓《じまん》シテ七分ト為ル。若シ宗旨ヲ頽《くず》サバ、天下統《すべ》テ門徒ト為ルベシ。民心ヲ得ル者ハ天下ニ王タリ。放縦ニシテ置カバ、若シ後世一乱ニ及バヾ、疑ラクハ武将モ屈服センカ。千載社稷《せんざいしやしよく》(国家)ヲ保タントト欲セバ、其威ヲ挫キ置クニ如ズ。

(『経済問答秘録』)

こうした考え方の理論的なよりどころは、すでにのべた古代の中国や日本の制度や思想であり、徂徠と春台の思想は、竹山たちのこの考察の先駆であった。そして、徂徠や春台の時代ではなお先取りにすぎたと思われるこの危機意識は、竹山・履軒たちをへて、幕末の対外関係の切迫のなかで、いっそう切実なものになっていった。こうした脈絡からは、幕末尊王攘夷思想の代表作『新論』(会沢安)をとりあげるのが適当であろう。

会沢の危機意識

『新論』は、対外関係の切迫のもとで国体論による人心統合の必要を強調し、そのための具体的方策を国家的規模での祭祀に求め、祭・政・教の一体化を主張した。「億兆心を一にして」というような用語法や忠孝一致の主張にもあらわれているように、のちの教育勅語や修身教育の淵源となる性格の強い書物である。ところで、『新論』がこうした人心統合に対立させているのは「邪説の害」であるが、それはより具体的には、さまざまの淫祀、巫覡《ふげき》、キリスト教なども含めた、ひろい意味での宗教のことにほかならない。一向宗にふれた箇所を引用してみよう。

一向専念の説作《おこ》るに至りては、すなはち名祠・大社の祀典に在るものといへども、これを瞻礼《せんれい》するを許さず、以て本に報い始めに反るの心を遏絶《あつぜつ》して、専ら胡神(外国の宗教)を奉ぜり。民ここを以て西戎あるを知りて、中原あるを知らず、僧尼あるを知りて、君父あるを知らず。その叛乱するに及んでは、すなはち義に仗《よ》りて賊を討つ者を指して、以て法敵となし、すなはち一時、忠烈の士をして、弓を挽《ひ》き戈《ほこ》を揮《ふる》ひて反つて君父に仇せしむるに至る。忠孝の廃し、民志の散ぜるは、極れりと謂ふべし。

日本の国内だけで考えれば、宗教のこの反秩序性は、信長や家康によるきびしい禁圧と統制とによって、現実に秩序をおびやかすほどの意味をいまはもっていないともいえよう。しかし、そとからあたらしい力が加わるなら、宗教というものがもっている身分制秩序との原理的な敵対性は、現実に秩序をおびやかすものとしてふたたび活性化してくるだろう。このように考える『新論』にとっては、幕藩体制のもとで、諸宗教がきびしく統制されているという事実だけでは、すこしも安心できない。そうした眼前の現実よりも島原の乱のような歴史的経験——ひとたび妖言を信じた人々の死を恐れない闘争力——の方が、はるかに鋭いリアリティとして迫ってくるのであった。

宗教の魔力と民心の動向

『新論』は、ヨーロッパ列強の圧力を貿易の利益と宗教の魔力によって民心を誘うものとしてとらえたが、とりわけ宗教こそ、夷狄が好んで「伎倆を逞しく

する ところ」であるとされた。

故に人の国家を傾けんと欲せば、すなはち必ずまづ通市（貿易）に因りてその虚実を窺ひ、乗ずべきを見ればすなはち兵を挙げてこれを襲ひ、不可なればすなはち夷教を唱へて、以て民心を煽惑す。民心一たび移れば、簞壺《たんこ》相迎へ、これを得て禁ずるなし。而して民は胡神のために死を致し、相欣羨《きんせん》して以て栄となし、その勇は以て闘ふに足る。資産を傾けて、以て胡神に奉じ、その財は以て兵を行《や》るに足る……。

こうした把え方の特徴は、キリスト教という夷狄の宗教に民心を奪う魔術的な威力を認め、民心がひとたび移れば衆寡逆転し、とうてい列強の侵略に敵対しえない、と恐怖していることである。宗教は、それ自体魔術的なものであるがゆえに容易に制御しがたいのであり、民心をたやすく蠱惑《こわく》してしまう、忠孝などの身分制倫理を内面化していない民衆は、その誘惑に抵抗しえないだろう、というわけである。キリスト教の魔術的な威力と民心の動向という二つの容易に統御しえないものが結びつけられて、想念のなかで危機意識がいっきょに膨脹するような仕組みになっている、といえよう。

これは、ヨーロッパ列強の東洋進出のあり方についても、民心の動向についても、現実をリアルに認識することによってうちたてられた思想ではない。ここで顕著なのは、キリスト教の魔力と民心の動向という二つの測りがたく制御しがたい力をもちだして結びつけ、惰性に支配されている同時代の人々のなかに、圧倒的につよい危機についての実感を醸成させようとするイデオロギー性である。会沢からすれば、幕藩制社会は、制度的にも意識的にも惰性に支配された巨大なカラクリであって、内外の危機にすばやく対処しうる鋭敏さと可塑性に欠け、旧慣墨守と偸安《とうあん》の精神とが支配している。しかし、そのなかで人々は、漠然とではあれ、内と外から危機が迫っていることを予感しはじめており、不安の感覚にとらえられかけている。そこで『新論』は、人々のこの不安の感覚に点火してそれを危機意識にまで高め、そこから状況を突破する巨大なエネルギーをひきだそうとするのである。そのさい、とらえどころのない魔術的な威力としての宗教がクローズアップされてくるのは、会沢たちのまだ漠然とした、しかし圧倒的につよい危機意識にふさわしいことだった。

典礼教化

これが、『新論』の設定した煽動的戦略の大枠であり、その後の状況の推移を規定するほどに大きな影響力をもった問題設定であった。一見、きわめて強大で安定しているように見える幕藩制国家は、じつはその内部にかかえこんでしまった脆弱性と無智の影として、みずからの力では制御することのできない魔術的な威力にたいする恐怖を昂進させてきているのだが、『新論』は、この恐怖を逆手にとることによって、構造的な転換を模索しているのだ、といえよう。

こうして『新論』は、海防や経済についてのより具体的な提言をこえて、人心を統合して体制的な危機に対処しようという、より基軸的な問題設定に成功した書物だった。そして、そのための具体策は、「典礼教化」、すなわち、村々の産土社《うぶすな》を底辺におき、「天社《あまつやしろ》・国社《くにつやしろ》」を頂点においた国家的祭祀の体系であった。キリスト教や仏教などの異端の教えは、来世と魂の行方についての妄誕を教えることで人心をとらえているのだから、それに対抗するためには、死者の魂の行方をあきらかにして「幽明」を治める「祀礼」が、国家的規模で確立されなければならないというのである。これは、平田篤胤以降の後期国学の主張にほぼかさなる思想であり、明治初年の宗教政策を根拠づける考え方であった。『弘道館記述義』なども『新論』とおなじ立場にあり、会沢は、年間の祭祀を具体的に論じた『草偃和言《そうえんわげん》』という著作も著わしている。

明治初年に急進的な廃仏毀釈を推進したのは、水戸学や後期国学の影響をうけた人々であった。

さまざまな仏教批判

以上の事例のほか、経済的な理由で寺院の整理と僧侶の還俗《げんぞく》を主張する経世思想や、国体思想・神国思想の立場からの仏教批判や、国学者や神道家による神葬祭運動などがあった。寺院の繁栄や僧侶の腐敗を攻撃する常套的な主張は、いっそう多かった。ひろい意味での仏教批判は、十八世紀末からさかんになり、これに対抗して、仏教側からは護教的な論著も出されるようになった。そして、仏教批判と国体論・神国論の盛行というこの動向は、一般的には明治初年の宗教政策の背景となった事実ではあるが、しかし仏教批判などの個々の言説は、内と外から迫ってくる巨大な危機についての自覚と結びつくことで、はじめて大きな歴史的意味をもったのであり、その点では水戸学や後期国学の構成しえた論理の方に、一つの時代を領導するだけの力能があったのである。

さらに、明治初年の新政府の宗教政策の直接的前史をなすものとしては、水戸藩、長州藩、薩摩藩、津和野《つわの》藩などにおける寺院整理と廃仏毀釈があった。このうち、水戸藩と長州藩のそれは、天保改革の一環としてなされ、薩摩藩と津和野藩のばあいは、明治維新直前になされた。水戸、長州、薩摩が勤王派を代表する雄藩だったことはいうまでもないが、より具体的な人的系譜からいっても、神祇官などで明治初年の宗教政策を担当したのは、薩摩、長州、津和野三藩の出身者が多かった。ここでは、明治初年の宗教政策との関連に留意しながら、水戸藩と長州藩の寺院整理について一言しておこう。

水戸藩の寺院整理

水戸藩の天保改革は、徳川斉昭と、斉昭を藩主に擁立した彰考館関係の人々との強い同志的結合を背景にして推進された。改革がはじまるのは天保元(一八三〇)年のことだが、寺院整理が本格的になされたのは、天保十四年から弘化元・二(一八四四・五)年にかけてのことだった。これは、水戸藩天保改革の最終段階にあたっており、仏教側の反撃――→幕閣への工作――→幕府による斉昭の処分(天保改革の挫折)という結末を招いた。

この寺院整理は、常磐山東照宮を唯一《ゆいいつ》神道にあらため、別当を廃し神官に管轄させたことにはじまり、「行々《ゆくゆく》ハ無仏国」にするという壮図にもとづいてなされた。一村一社の制をとり、氏子帳《うじこちょう》を作製して宗門改め制にかえること、藩内の神社は唯一神道にあらため、僧侶・修験《しゅげん》は還俗して神官が神社を管理すること、家臣の仏葬・年忌法要を廃し、神儒折衷の葬祭式によること、無住寺院などの廃寺、念仏堂・薬師堂など村々の小祠堂や路傍の石仏・庚申塚《こうしんづか》・廿三夜塔などの廃毀、撞鐘の徴集などが、その内容だった。処分された寺院は一九〇か寺で、寛文六（一六六六）年の寺院整理で一〇九八か寺が処分されたのに比べればはるかに少ないが（圭室文雄『神仏分離』）、村々の小祠堂・石仏なども破却し、一村一鎮守制に統合し、それに民心統合の中心機関としての役割を期待しているところに、その狙いがよくあらわされている。年中行事も、従来の民俗的行事が再編成され、そのなかに東照宮、徳川光圀《みつくに》、楠正成《くすのきまさしげ》、天智天皇を祀る行事などが組みいれられた。民衆の信仰生活の全体を、水戸学の立場から構成された神儒合一的な祭祀の体系に改変せしめようとするものであった、といえよう（『水戸藩史料』別記下）。

長州藩の淫祠破却

長州藩では、天保十三年から翌年にかけて、村田清風を指導者とする天保改革の一環として、淫祠の破却が強行された。清風は、『某氏意見書』において、主として財政的見地から仏教批判を試みているが、そこではまた、寺院と村々の小堂宇・小社祠などのすべてを淫祠とみて破却し、一村に一社をおき、天子諸侯がみずから社稷・山川を祭祀するようにすべきだと主張されていた。これは、『礼記』などを念頭においた古代的な祭政一致制の主張であるが、仏教を含めた淫祠が民心をとらえたために莫大な浪費が生まれた、と考えるところに、藩政改革の課題を見つめる清風の立場があった。この淫祠整理が、民衆の抵抗をともないながらも、天保十四年にはいっきょに推進されたことを、三宅紹宣氏があきらかにしている。それによると、藩の『御根帳』に記載されていわば公認された社寺堂庵は三三七六、『御根帳』記載を予定されているもの四五〇、破却されたのは寺社堂庵九六六六、石仏金仏一万二二五一〇にのぼった(「幕末期長州藩の宗教政策」)。民間信仰的性格のつよい小祠・小堂庵・石仏・金仏などはことごとく破却され、一村一社制にきわめて近いものとなり、そこから明治以降の村社が成立していった。たとえば、庄屋同盟や奇兵隊とのかかわりで知られた小郡《おごおり》宰判《さいはん》上中郷は、天保年間戸数三五二戸の村であるが、神社・寺院・堂宇・石仏などをあわせて一〇九の宗教施設のうち、寺院五、観音堂など三、神社五、あわせて十三と、存続歎願中の三を除いて、ことごとく破却された、という。

ところで、こうした淫祠整理は、そこで否定の対象とされている民俗信仰的な側面こそ、民衆の現実の宗教生活のもっともいきいきとした側面なのだから、民衆の不安と恐怖をよびおこすことになった。この問題は、改革を推進した村田清風においても、山村に祀られている大《おお》山祇命《やまつみのみこと》、大浦の大歳神《おおとしがみ》、畑のなかの稲荷、新開地の竜神、牛馬の守り神としての赤崎大明神や素戔嗚命《すさのおのみこと》など、民生に「功徳《くどく》」ある鬼神は、正祀として祀るべきではないだろうかという疑問として意識されていた(沖本常吉編『幕末淫祀論叢』)。

淫祀論争　清風の諮問をうけた国学者近藤芳樹は、延喜式神名帳に載せられているものが正祀で、そうでないものは淫祀だと、単純明快に答えた。岩政信比古『淫祀論評』は、この近藤の意見に痛烈な批判を加えたものである。すなわち、近藤のように考えると、周防・長門には式内社はごく少ないし、延喜式成立以後に成立した霊神なども正祀から外れてしまう。しかし、もっと重要なのは、そうした原理で淫祀整理をおこなえば、現実に民衆の生活や活動をささえている神々もまた除去され、そこに除去された神々の祟りや民衆の不安が生まれてくるだろうということである。下民は愚かなものだからこうした神々の除去に恐怖をいだくのだというが、「下民ノ恐怖ヲ懐クハ尤ノ事ナリ。賢キ国政ヲモ執ル人ノ恐怖ヲイダカヌコソ愚ナレ」、近ごろ領内にいろいろ「あやしき事」を唱えるものがあるというが、しかし、それにはそれなりの根拠があるのであって、迷信や俗信として軽々に却けるべきではない、

　いづかたにても種々妖怪は有レ之《これある》事に御座候。乍レ然《しかしながら》近頃実以色々奇異なる事有レ之、或ハ病気ニつけ或ハ炎殃《えんおう》につけ、地下人《じげにん》共種々夭怪を語り候儀は、近年、彼《かの》御国内之幽界にある卑賤《いやし》き役々を勤め、其地方村里之卑賤き邪悪神などを支配し給ふ低き幽神之祠を皆悉く毀廃《こぼちはいし》て、社祠もなく神南備《かんなび》もなくせられし故、彼卑賤之役々を勤居たりし神達之制止禁遏《きんあつ》之威力なく、皆其所を失ひて元来有ところの邪悪神等と諸共《もろとも》に荒備《あらび》踈夫《うとぶ》るにてぞ御座有べき。(『幕末淫祀論叢』)

と岩政は論じた。三宅氏は、淫祠除去のために自然災害や火災がおこったとして、民俗信仰的な諸神仏の再興を求めた民衆の動向を紹介しているが、引用のように主張する岩政は、除去された神仏の祟りに災厄の原因を求める点で、そうした民衆とおなじ立場にたっていたのである。

祭祀による人心統合

近世後期には、たとえば山片蟠桃のように、徹底した無神論を主張する思想家もいた。しかし、その蟠桃自身が、「大テイ人情奇怪ヲ信ズルコトハ、ミナ凡俗ノ免ガレザル処ナランカ」としたように、鬼神の実在を信ずることの方がはるかに一般的であり、それが人々の「人情」であった(子安宣邦『宣長と篤胤の世界』)。このことを客観的な事実として認め、それを国家的に祭祀することに政治の要諦の一つを求めたのは徂徠学派であったが、この考え方は、中井竹山・履軒などをへて、水戸学や平田篤胤以降の国学にうけつがれたのであった。水戸藩と長州藩の寺院と淫祠の整理は、こうした考え方にそって、民衆の宗教意識の世界に権力が介入し、祭祀すべき神々と祭祀すべきでない神々のあいだに明確な分割線をひき、そのことによって人心を統合しようとする試みにほかならなかった。宗教にたいする制度的支配の大枠はきびしく設定されてはいるが、権力が民衆の宗教生活の内面に支配の錨を直接にはおろしていないという幕藩制社会の特質は、体制の動揺とともにその弱点として迫ってきて、右のような意識統合のためのあらたなイデオロギー戦略を生みだしたのである。

そのさい、大雑把にいえば、宗教的な世界は、

キリスト教≧かくれ念仏・不受不施派≧一向宗・日蓮宗≧流行神や御霊≧民俗信仰≧仏教一般

という序列で、反秩序的な他者＝敵対者たりうる存在とされた。もっとも自明的な他者＝敵はキリスト教であり、ついでかくれ念仏・不受不施派のような異端であったが、一向宗以下の諸宗派や現世利益的俗信なども、現世の人倫的秩序とは異質な次元に人々の心を奪ってゆくという点では、現状ではどうであれ、つねに反秩序性への可能性をはらんでいる存在として、疑惑の眼でとらえられていた。徳川斉昭が仏教各派をさして、「八宗共に其元は同じ異端にて、切支丹の拙き物」(『明訓一斑抄』)としたのは、おそらくそのような意味であった。現状では完全に権力に随順しているように見える仏教さえも、状況によってはキリスト教と等記号で結びうるほどの異端性をはらんでいるとすれば、秩序を維持するための意識統合には、宗教体系の抜本的な大革新が必要とされるはずであった。

幕藩制下の宗教的世界のすべてを敵対的なものとして措定しかねないこの把握は、もとより誇張であり、歪曲であった。しかし、宗教的世界は、日常的な通念や常識をこえた、なにか巨大な威力の存在をものがたるにふさわしい領域であるから、みずからの手に負えない社会的な力の存在は、宗教的な魔力のかたちをとることで、人間の幻想形成力にいっきょに訴えて、いきいきとした実在感をもつことができるだろう。こうした観念には、内からも外からも脅かされているものとしての不安と弱さとが映しだされていたが、しかし、誰にも漠然と感じられていた不安と危機の感覚は、こうした観念によって明瞭な危機意識へと構成され、そこに、状況を突破してゆくような活動性も生まれてきたのである。やがて、明治初年の宗教政策の基調となる国家的祭祀による人心統合という方策は、こうした時代を画する危機意識の産物であり、国家の掌握のそとに逸脱し去ろうとしている人心(宗教性)を再掌握しようとする壮大な戦略の展開であった。

Ⅱ 発　端

1 国体神学の登場

第一次官制と神祇官

慶応四(一八六八)年正月十七日、成立したばかりの維新政府は第一次の官制を発布し、太政官のもとに七科をおいて政務を分掌したが、七科の筆頭に神祇科がおかれた。この第一次官制は、参与福岡孝弟《たかちか》の原案では、内国・外国など六科からなるものだったが、廟議は神祇の一科をくわえ、その筆頭においた。そして、神祇事務総督には中山忠能《ただやす》、有栖川宮幟仁《ありすがわのみやたかひと》、白川資訓《すけのり》が、同係には六人部是愛《むとべよしちか》、樹下茂国《じゅげしげくに》、谷森種松が任命された。

この六人のうち、明治天皇の外祖父にあたる中山忠能は、幕末維新期の政治史に活躍する大物で議定《ぎじょう》に任じられていたが、他の五人は議定でも参与でもなかった。他の六科では総督は議定から、係は参与から任命されたのだが、神祇科だけは三職にない神道家などを、急遽登用したのであった。神祇官再興など復古神道的な主張をかかげる有力な政治勢力の存在をうかがわせる事実経過といえよう。

第一次官制の神祇科は、同年二月三日の官制改革では神祇事務局、閏四月二十一日には神祇官となり、翌年七月八日の官制改革では、神祇官はついに太政官の上にたつことになった。その過程で、亀井茲監《これみ》、平田鉄胤《かねたね》、福羽美静《ふくばびせい》など、平田派・大国派の国学者や神道家たちが登用され、大国隆正・矢野玄道《はるみち》などの思想が大きな影響力をもつようになった。それは、神祇官再興と祭政一致が維新政権の公的イデオロギーとして採用され、神道国教主義を推進しようとする勢力が、神祇事務局──→神祇官を中心に維新政権のなかに確実な地歩を築いたことを意味していた。

神祇官再興への動き

神祇官再興と祭政一致を求める動きは、幕末の尊王思想や国体思想の発展のなかで生まれた。猿渡容盛《さわたりひろもり》(安政五年)、三条実万(安政六年)、六人部是香《むとべよしか》(文久二年)、矢野玄道(元治元年)などの建言や意見書は、神祇官再興を求めていたが、慶応二年から三年にかけて、神祇官再興は具体化のきざしを見せるようになった。慶応三年三月二日の岩倉具視の書簡に、

一、神道復古、神祇官出来候由、扨《さて》〳〵恐悦の事に候。全く吉田家仕合に候。実は委(悉)く薩人尽力の由に候。(『岩倉具視関係文書』三)

とあるのは、どのような事実をさすのかは明らかでないとしても、神祇官再興が現実政治の課

題になっていたことを伝えている。引用のうち、「薩人」とあるのは井上石見のことで、井上は、薩摩藩主島津氏の産土社《うぶすなしや》諏訪《すわ》神社の神職、慶応年間には岩倉に近づいて、岩倉と大久保一蔵(利通)との連絡にあたっていた。神祇官再興などを主唱する復古神道派の国学者や神道家は、政治的には、岩倉と薩摩藩を結ぶ線につらなっており、初期の維新政権の政策プランに大きな影響をあたえた玉松操や矢野玄道も、岩倉を通して発言の機会をうることができた。長州藩とのかかわりがふかく、大国隆正の思想に影響された津和野藩の主従(亀井茲監、福羽美静など)をこれに加えると、神祇官再興と祭政一致を推進した勢力のおおよそがとらえられる。

こうした動向のごく一般的な背景は、水戸学や後期国学に由来する国体論や復古思想が、幕末維新期の対外的危機のなかで、そうした状況に対応する危機意識の表出として、誰もが公然とは反対しにくい正統性をすでに獲得していたことにあったろう。しかし、神祇官再興や祭政一致のような復古の幻想に本当に心を奪われていたのは、倒幕派諸勢力のなかでも周辺的な人々にすぎなかった。彼らの主張が維新政権の政策のなかにとりいれられ、神祇事務局──→神祇官を中心に、彼らが政権内部に地歩を占めえたのは、はじめは、岩倉─薩摩閥の、ついで木戸孝允《たかよし》ら長州閥の支援によるものであり、むしろ彼らの地位そのものが、岩倉、大久保、木戸などの政治的ヘゲモニーの一部を構成していた。

復古の幻想

よく知られているように、維新政権は、岩倉ら一部公家と薩摩藩が提携したクーデターによって成立したものだった。慶応三年十二月九日の小御所《こごしょ》会議とつづいて発せられた王政復古の大号令は、二条・九条・近衛など名門の公家を斥け、越前藩・土佐藩など有力諸藩の主張をおさえて強行された。それは、薩摩藩の武力をよりどころにしたクーデターにほかならず、やがて上京してきた長州藩がこれに加わった。薩長両藩が幼い天子を擁して幕府権力を追い落したというのが、当時の人々の一般的な見方であり、鳥羽伏見の戦いの勝利のあとでも、諸藩の向背はまださだかではなかった。

こうした状況のなかで、岩倉や大久保がみずからの立場を権威づけ正統化するために利用できたのは、至高の権威＝権力としての天皇を前面におしだすことだけだった。小御所会議で、「幼冲ノ天子ヲ擁シテ……」と、急転回する事態の陰謀性をついて迫る山内容堂に、「聖上ハ不世出ノ英材ヲ以テ大政維新ノ鴻業ヲ建テ給フ。今日ノ挙ハ悉《ことごと》ク宸断《しんだん》ニ出ヅ。妄《みだり》ニ幼冲ノ天子ヲ擁シ権柄ヲ窃取《せっしゅ》セントノ言ヲ作《な》ス、何ゾ其レ亡礼ノ甚シキヤ」（『岩倉公実記』）と一喝した岩倉は、こうした立場を集約的に表現したといえる。

神祇官再興や祭政一致の思想は、こうして登場してきた神権的天皇制を基礎づけるためのイデオロギーだったから、その意味では、この時期の岩倉や大久保にとって不可欠のものだった。しかし、冷徹な現実政治家である岩倉や大久保と、神道復古の幻想に心を奪われた国学者や神道家たちとのあいだには、神祇官再興や祭政一致になにを賭けるかについて、じっさいには越えることのできない断絶があったはずである。このことを長い眼で見れば、神祇官再興や祭政一致のイデオロギーは、政治的にもちこまれたものなのだから、将来いつか政治的に排除される日がくるかもしれないと予測することもできよう。しかし、さしあたっては、そうした幻想にとらえられた国学者や神道家に、時と処とを得た活動のチャンスがあたえられることとなった。

許された領域

慶応四年二月三日の官制で定められた神祇事務局の職掌は、「神祇祭祀、祝部《はふりべ》、神《かん》戸《べ》ノ事ヲ督ス」となっており、同閏四月二十一日に定められた神祇官の職掌も、おなじ内容であった。古代天皇制国家の令制に定められた神祇官の職掌は、神祇の祭祀、祝部・神戸の名籍の管理、大嘗祭《だいじょうさい》・鎮魂祭、御巫《みかんなぎ》・卜兆《ぼくちょう》、官事を「惣判」(決裁)することであったから、両者を比較して、慶応四年の官制における職掌の後退はあきらかであった。令制においては、神祇官は太政官の上におかれて、御巫・卜兆に国家の大事をたずねるような神政国家の相貌が濃いのにたいし、慶応四年の官制では、神祇事務局──→神祇官は内外の一般的な政策決定にかかわることはない。神祇官が太政官の上におかれた明治二(一八六九)年七月の職制では、神祇官の職掌は令制にならったものになっているが、それでも、陵墓の管理と宣教を特記し、御巫・卜兆を除いたところに、覆うことのできない時代の違いがあったといえよう。

こうして、神祇事務局──→神祇官へ国学者や神道家が進出して政権内に一つの地歩を占めたといっても、彼らは内政外交の重要政策にまで影響力をもったのではなかった。祭政一致が公的タテマエだったとしても、実際上は、祭祀と宗教政策と国民教化とが彼らに活動を許された領域であり、それさえも彼らの自由な裁量のもとにあったのではなかった。だが、それだけにいっそう、彼らの許された領域での活動には、時処をようやく得たものたちの情熱とエネルギーが傾注された。

神仏分離と廃仏毀釈につらなる諸政策が具体化してくるのは、慶応四年三月十三日につぎのような布告が出されてから以降のことである。

此度、王政復古、神武創業ノ始ニ被レ為レ基《もとづかせられ》、諸事御一新、祭政一致之御制度ニ御回復被レ遊《あそばされ》候ニ付テハ、先《まず》第一、神祇官御再興御造立ノ上、追追《おいおい》諸祭典モ可レ被レ為レ興《おこさせらるべき》儀被二仰出《おおせいだされ》一候。依テ此旨、五畿七道諸国ニ布告シ、往古ニ立帰リ、諸家執奏配下之儀ハ被レ止《とどめられ》、普《あまね》ク天下之諸神社・神主《かんぬし》・禰宜《ねぎ》・祝《はふり》・神部《かんべ》ニ至《いたる》迄、向後右神祇官附属ニ被二仰渡《おおせわたされ》一候間、官位ヲ初《はじめ》、諸事万端、同官ヘ願立候様可二相心得一候事。(『法規分類大全　社寺門』)

この布告では、王政復古、祭政一致、神祇官再興の理念と、全国の神社・神職の神祇官への「附属」の原則がのべられており、その後の宗教政策のためのもっとも基本的な原理を宣言したもの、といえよう。

神仏分離の諸布告

この布告が出された三月十三日は、五箇条の誓文発布の前日にあたっている。五箇条の誓文は、この年一月の段階で、由利公正《きみまさ》・福岡孝弟の原案がつくられたさいには、公議政体論を理論的なよりどころとして列侯会議をひらこうとするものであったが、誓文発布にいたる過程でその内容に変更が加えられるとともに、発布の形式は、天皇が公卿・諸侯・百官をひきいて天神地祇に国是《こくぜ》を誓うという様式をとることになった。こうした形式を主張したのは木戸で、祭儀の具体的様式を立案したのは、神祇事務局の六人部是愛だったという。誓文の内容がより開明的な方向に改められるとともに、そうした開明性も、天神地祇に冥護《みょうご》された神権的天皇制の枠組のなかにとらえこむような様式がとられたのである。そして、神権的天皇制を前面に押したてて公議政体派を押え、有司専制政権の方向へ大きくふみだしたこの段階で、神仏分離政策もクローズアップされてきたのであった。

右の布告にすぐつづいて、三月十七日には、諸国大小の神社に別当・社僧などと称して神勤している僧職身分の者の「復飾」(還俗《げんぞく》)が命ぜられ、閏四月四日には、別当・社僧などは還俗の上、神主・社人などと改称して神勤し、それに不得心の者は立退くように命ぜられ、同十九日には、神職の者はその家族にいたるまで神葬祭に改めることが布達された。

これらの布告が、神勤主体についての神仏分離を規定しているのにたいし、三月二十八日の布告は、礼拝対象についての神仏分離を定めている。

一、中古以来、某権現《ごんげん》或ハ牛頭《ごず》天王《てんのう》之類、其外仏語ヲ以《もって》神号ニ相称《となえ》候神社不レ少候。何レモ其神社之由緒委細ニ書付、早早可ニ申出一候事。（但書省略）

一、仏像ヲ以《もって》神体ト致候神社ハ、以来相改可レ申候事。

付《つけたり》、本地《ほんち》抔《など》ト唱ヘ仏像ヲ社前ニ掛、或ハ鰐口《わにぐち》・梵鐘・仏具等之類差置候分ハ、早早取除キ可レ申事。（『法規分類大全　社寺門』）

この布告を背景にして生じた著名な事件に、日吉《ひえ》山王《さんのう》社の廃仏毀釈がある。この事件は、廃仏毀釈のある側面をよく伝えるものなので、つぎにとりあげてみよう。

日吉山王社　比叡山麓坂本の日吉山王社は、延暦寺の鎮守神で、江戸時代には山門を代表する三執行代の管理のもとにあった。この日吉社へ、武装した一隊が押しかけたのは、慶応四年四月朔日《ついたち》の昼前のことだった。彼らは、諸国の神官出身の志士たちからなる神威隊五十人、人足五十人、日吉社の社司・宮仕二十人ほどからなっていた。彼らは、新政府の「御趣意」はすでに大津裁判所から伝達されているはずだから、それに従って日吉社本殿の鍵を渡せ、と要求した。しかし、山門では、三月二十八日の布告については、まだなにもきいていなかった。当時の行政制度のもとでは、新政府の指令は、山門の代表者である座主宮《ざすのみや》から三執行代をへて伝えられるか、大津裁判所から三執行代へ伝えられるかするはずであったが、それには若干の日時を要するために、その時点ではまだなにも知らされていなかったのである。驚いた山門では、一山の大衆に事件を報じて会議をひらき、要求を拒むことをきめた。

何回かのやりとりのあと、押しかけた一隊は実力行使にでて、神域内に乱入して土足で神殿にのぼり、錠をこじあけ、神体として安置されていた仏像や、仏具・経巻の類をとりだして散々に破壊し、積みあげて焼き捨てた。仏像にかえて、「真榊《まさかき》」と称する金属製の「古物」がもちこまれて、あたらしく神体に定められた。日吉社は、本殿のほか二宮社以下七社からなりたっていたが、同様の処置は七社のすべてにたいしてもなされた。焼き捨てられた仏像・仏具・経巻などは一二四点、ほかに金具の類四十八点が奪いさられた、と報告されている。そのなかには、大般若経六百巻が一点に数えられている例もあり、五十人の人足を動員しての半日余の作業だったことも考慮すると、全体としてはきわめて厖大な破壊行為がなされたことになる。一隊の指導者樹下茂国は、仏像の顔面を弓で射当て、大いに快哉を叫んだという。

樹下茂国は、日吉社の社司で、岩倉との関係がふかく、のちには岩倉邸に寄寓している。玉松操を説いて岩倉のブレインに招いたのは、三上兵部と樹下だった。樹下は、第一次官制の神祇科では、三人の「係」の一人として名をつらね、当時は神祇事務局の権判事四人のうちの一人であった。もう一人の指導者生源寺義胤も、やはり日吉社社司で、岩倉に近い人物であった。こうした彼らの地位からして、山門へはまだとどいていない三月二十八日の布告を、彼らが知悉していたのは当然であるが、むしろ彼らこそがこの布告にこぎつけるために奮闘した勢力の一部だったのであろう。

日吉社の神職身分は、社司と宮仕からなり、彼らは、それまで、延暦寺の僧たちの指示にしたがって神勤していた。一般的にいって、江戸時代の大きな神社には、社僧など僧侶身分のものと、社司・神主・禰宜・社人など神職身分のものとがいたが、僧侶身分のものが上位にたち、神職身分のものはその頤使《いし》に甘んじているのが通例だった。そして、江戸時代後期になると、神道思想や国体思想が勢力をつよめるなかで、こうした状況にたいする神職身分のものの不平が高まり、両者の軋轢《あつれき》がしだいに強くなってきていた。樹下や生源寺が幕末の京都で尊王攘夷運動に加担して活動したのも、こうした情勢のなかでのあらたな自己主張という性格をもっていた。そして、三月二十八日の布告は、彼らに絶好の口実をあたえるものだったから、彼らは、この布告と新政府の威光をよりどころとして、強引な廃仏毀釈を断行し、日吉社を延暦寺の支配からきりはなしてしまったのである。

強引な破壊行為

だが、このような強引な破壊行為は、新政府の首脳からも地域の民衆からも支持される性質のものではなかった。新政府の首脳からすれば、神仏分離は朝廷に関係のふかい大社寺から漸進的にすすめればよいものであり、この年四月、岩倉らの工作によって「一山不レ残還俗」した興福寺は、そのモデルケースだった。この事件がおこったのは江戸開城の十日前のことであるが、向背定まらぬ藩も多く、新政府の基盤はまだいちじるしく弱体で、のちにのべるように、仏教側の動向も新政権の将来を占う要因の一つとなりかねないというのが、当時の情勢であった。そのため、この事件は政府を驚愕させ、四月十日には、「社人共俄《にわか》ニ威権ヲ得、陽ニ御趣意ト称シ、実ハ私憤ヲ霽《はら》」すような所業があってはならないとし、今後は仏像・仏具等を取りのぞくさいにも一々伺い出て差図をうけよ、「粗暴ノ振舞等於レ有レ之《これあるにおいて》ハ屹度《きっと》曲事《くせごと》」である、と布告した。そして、じっさいの処理は明治二年十二月のことではあったが、山門側の言い分が全面的に認められ、樹下と生源寺は主謀者として処罰された。

地域民衆の反応

この事件に遭遇した地域の民衆は、はじめはただ驚いたり恐怖したりするだけだったかもしれない。しかし、やがて破壊行為は日吉社にとどまらず、山上の諸堂にもおよぶとか、僧侶たちが殺害されるかもしれないとか、延暦寺は廃寺となり日吉社は万石以上になるとかというような風聞が流れるようになった。こうした風聞は現実的根拠のあるものではなく、廃仏毀釈という時代状況のなかでの不安と恐怖の増幅現象とでもいうべきものだった。しかし、それは今日からいえることであって、地域の民衆にとっては、そうした誇張された噂とそのなかでの不安や恐怖こそが、彼らの心をとらえた現実そのものだった。こうした状況のなかで、日吉社に神勤する下級の法師身分であった「公人」たちのあいだに「周旋組」が成立したり、上坂本村の百姓たちが「三拾六人組」をつくったりしたのは、日吉社社家に対抗して山門を守ろうとする動きであった。

明治二年四月九日夜、松明《たいまつ》をかかげ竹槍をもった多数の農民が集結するという事件がおこった。この事件は、茶店に休んでいた浪人体の男の放言から、昨年のような事件が延暦寺にもおよび、僧侶の殺害さえおこなわれるかもしれないとして、山門擁護のために農民たちがおこしたものだった。そのほか、被差別部落民に金穀をあたえて、日吉社の神輿に石を投げさせたり、社人の殺害をはからせたりする動きや、神祇官にむけて鬱憤ばらしの発砲をする者などもあったという。これらの事件の背景には、長年、延暦寺とのふかいかかわりのもとで生活してきた民衆が、山門滅亡の風聞におびえたということのほか、日吉社の祭礼が神仏分離によって改められ、地域の民衆の参加が、従来のような形態ではおこなわれがたくなってきたという事情もあったらしい。これらの事件は、明治二年の祭礼の時期に発生したもので、前年の事件のあと、強引に改められた祭礼の様式が明治二年にもひきつがれたことが、その背景になっていたからである。

右の日吉社の事例は、江戸時代以来、鬱屈した不平をいだいていた社家側が強引な実力行使にでたこと、新政府にとってこうした実力行使は容認しがたいものだったこと、民衆が廃仏毀釈に対抗する姿勢をしめし、それが政府の態度ともあいまって、廃仏毀釈のそれ以上の進展をさまたげたことなどにおいて、特徴的だった。しかし、神仏分離令のだされた慶応四年三月やその直後の段階では、現実に各地の社寺などで神仏分離と廃仏毀釈を強力に推進する主体は、まだほとんど欠如していた。

慶応四年の神仏分離

慶応四年三・四月の段階で、社僧などの還俗と神仏分離があっさり実施されたのは、興福寺、石清水《いわしみず》八幡宮、北野神社などの大社寺のばあいである。

興福寺のばあい、慶応四年四月に「一山不レ残還俗」し、僧侶の一部は春日社に神勤し、多くは離散した。しかし、決定的な打撃を与えたのは明治四年の寺領上知《じょうち》の方で、翌年には、伽藍《がらん》仏具などの一切が処分された。五重塔が二十五円で売却され、買主は金具をとるためにこれを焼こうとしたが、附近の町家が類焼を恐れて反対し、そのために五重塔は残った、という。神社として独立した春日社を残して、興福寺自体はほとんど廃滅したわけで、僧たちはなんの抵抗もしめさなかった。

石清水で、八幡大菩薩を八幡大神に改め、社僧などが復飾したのは、慶応四年五月、それにしたがって神前に魚味を供し、祭儀の様式も改められた。

北野神社では、四月には住僧四十九人が復飾し、やはり祭儀が改められた。法体の社僧は、先祖の位牌《いはい》さえ取りのぞいて神職に転じてしまったのに、俗体の社人の方には、家内の仏壇や位牌を護持しようとする者があった。

右のような事例のほか、神仏分離が比較的に早い時期にたいしたトラブルもなしに実施されたのは、これにさきだって、神職身分のものが圧倒的に優位を占めていたようなばあいである。

たとえば、武蔵国惣社六所宮《ろくしょぐう》(大国魂《おおくにたま》神社)の神主猿渡容盛は、小山田与清《ともきよ》門に国学を学び、安政五(一八五八)年には神祇官再興を建言したような人物であった。慶応四年三月二十九日、彼は、東上してきた官軍先鋒隊に伺書を提出したが、そのなかでつぎのようにのべている。

一、今般、御制度御改正ニ付、神社ニ有レ之候仏像等御取除ニ相成、且神職一同仏葬祭御停止被二仰出一候哉之趣、遙に伝承仕候。此段全く伝承之通之御義ニ御座候はゞ、追而《おって》其御筋より御沙汰被二成下一候御義と奉レ存候へども、当社にも本地堂并社僧等も有レ之候義ニ付、心得之為、右被二仰出一之御次第奉レ伺度奉レ存候事。(『神仏分離史料』下)

猿渡は、仏像等の除去や神職の仏葬祭停止の布告について「伝承」しているとのべているが、神前から仏像等の除去を命じた三月二十八日の布告は、まだ届いていなかったはずだし、神職を神葬祭とする布告は、なお後日のことである。それにもかかわらず、このような伺書が出されたのは、猿渡のような著名な神道家には、布告にさきだって、新政府の宗教政策の方向性が察知されていたからであろう。

神仏分離の条件

六所宮で、仏像・仏具などをとり払い、社僧が還俗したのは、慶応四年七月のことだった。江戸やその近傍では、同年三・四月の段階では、神仏分離はおこなわれていない。江戸城をめぐるかけひきやそれにひきつづく戦乱の時期には、官軍も神仏分離を強行するような政策をとっていない。六所宮における慶応四年七月の神仏分離は、この地域ではもっとも早い事例の一つである。武蔵御岳《みたけ》社では同年の八月から九月に、江嶋《えのしま》神社でも八月に、神仏分離や社僧の復飾などがなされている。しかし、おなじ時期に社僧の復飾などがなされても、祭儀の形式などは旧来のものをそのまま維持しようとするばあいもあり、六所宮や武蔵御岳社のように、神職身分のものの支配的地位があらかじめ確立しているばあいのほかは、神仏分離の内容は、微温的なものにとどまっていた。

神仏分離も廃仏毀釈も、地域の宗教生活のなかに必然性があったのではなく、あらたな国家権力によって外からもちこまれたものであったから、それが、この段階ではなお、右にのべた程度にとどまっていたのは、当然のことであったろう。神仏分離や廃仏毀釈がより徹底して推進されるためには、維新政権の権力基盤が確立して強力な政策遂行能力がそなわること、これに対応して、地域で神仏分離や廃仏毀釈を熱心に推進する活動的グループが存在するようになることが、必要であろう。しかし、こうした条件は、慶応四(明治元)年、とりわけ東北地方での内戦が終わるまでは、まだほとんど欠如していた。そのため、実際に神仏分離や廃仏毀釈がおこなわれたのは、急進派がとくに狙いをつけていた日吉山王社のようなばあいや、興福寺・石清水八幡宮のような中央の大社寺のばあいや、それにさきだって神道家の勢力の方が圧倒的に優勢になってしまっているばあいなどにかぎられ、形式的な神仏分離がおこなわれても、実態的にはあまり顕著な変化の見られないばあいも多かったのである。

2　神道主義の昂揚

神社創建への動き

慶応三年十二月、矢野玄道は、国学者の立場からのもっともまとまった政策構想である『献芹詹語《けんきんせんご》』を奉呈して、天下第一の政務は「天神地祇ノ御祭祀」だとし、祀るべくして祀られていない鬼神を国家が祭祀するように主張した。そして、正しく祀られていない神々として、天御中主神《あめのみなかぬしのかみ》以下の天神や若干の皇統神をあげるとともに、さらにつぎのようにのべた。

藤原広嗣《ひろつぐ》朝臣・橘奈良麻呂公・橘逸勢主《はやなりのぬし》・文室太夫《ふみのむろのだいふ》等ハ、御霊《ごりよう》社ニ祭ラレシモ有レ之候得共、南朝ノ諸名公ノ如キ、尚怨恨ヲ幽界ニ結バレ候モ多ルベク、サテハ時トシテ、世ノ為、災害ヲ生《しよう》サレ候ハムモ難《はかりがたく》レ料候ヱバ、右等ハ史臣ニ被レ命《めいぜられ》候テ、其隠没セル鴻功偉績ヲ討論シ、盛徳ヲ旌表《せいひよう》シ、或ハ官位ヲモ贈賜ヒテ、右宮中ニ一殿トシテ御奉祀被レ遊度事ニ候。

また、玄道は、織田信長と豊臣秀吉についても、その功績をたたえて「廟祀」するように主張した。

ここにみられるのは、記紀神話などに記された神々と、皇統につらなる人々と、国家に功績ある人々を国家的に祭祀し、そのことによってこれらの神々の祟りを避け、その冥護《みようご》をえようという思想である。こうした神々が、たんなる道義的崇敬などからではなく、祟りをなす怨霊《おんりよう》への恐怖にもとづいて祭祀されなければならないとされたことは、注意を要するが、国体神学が日本人の神観にもたらした決定的な転換は、右のような神々をこそ祭祀すべき神として措定し、それ以外の多様な神仏を祀るに値しない俗信・淫祀として斥けたことにあった。

こうした考えにそって、明治元(慶応四)年以降、神社の創建があいついだ。建武の中興関係の天皇・皇族・功臣を祀るもの、他国に奉遷されていた天皇・上皇などを祀るもの、ペリー来航以来、国事に奔走してたおれた人々を祀るもの、瓊々杵尊《ににぎのみこと》・神武天皇など皇祖を祀るもの、開港場や開拓地に天照大神《あまてらすおおみかみ》を奉斎するもの、織田信長・豊臣秀吉・毛利元就《もとなり》・上杉謙信・加藤清正などの武将を祀るもの、国学者や幕末の勤王家を祀るものなどである(岡田米夫「神宮・神社創建史」。神社の創建については、同論文を参照した)。

楠 社　右のうち、楠正成《くすのきまさしげ》を忠臣の代表として顕彰する思想にはもっとも長い伝統があり、幕末の尊王運動の発展のなかで、志士たちのなかには楠公祭をおこなう者がふえていた。そして、楠公祭にさいしては、国事にたおれた志士たちの霊もあわせ祀られることが多かった。慶応三年十一月、尾張藩の元藩主徳川慶勝は、京都に楠社を造営し、それに摂社を設けて、国事にたおれた人々の霊を「人名ノ区別ヲタテズ」あわせ祀るように建白したが、そこには、正成をはじめ、こうした殉難志士の霊をもって皇都を守護しようという意味がこめられていた。

慶応四年四月、楠社は正成殉難の兵庫に創建されることになったが、これとはべつに、正成が死んだ日にあたる同年五月二十五日には、京都河東操練場で、正成の霊を祀る祭典が盛大におこなわれた。楠社は、太政官下賜の造営費のほか、政府官員や旧藩主などの寄附をあつめ、明治四年から五年にかけて造営され、湊川《みなとがわ》神社と命名された。正成の威霊によって帝都を守護するという観念は、いまも皇居前の正成の騎馬像に名残をとどめている。

楠社──→湊川神社の創建は、新神社創立の代表的事例で、類似の神社創建への動きを促進することになった。建武の中興と南朝の歴史に関しては、後醍醐天皇、護良《もりなが》親王、宗良《むねなが》親王、懐《かね》良《なが》親王、新田義貞、菊池武時、名和長年、北畠親房《ちかふさ》・顕房《あきふさ》などを祀る神社がつくられた。このうち、もっとも早くとりあげられたのは護良親王で、正成にすぐつづいて河東操練場で慰霊祭がおこなわれ、鎌倉宮が造営された。このばあいも、非命にたおれた人についての御霊信仰の要素がはたらいていたものと思われる。宗良親王については、護良親王にならって、遠江国引佐郡に井伊谷宮がつくられた。新田義貞(藤島神社)以下を祀る神社については、それぞれ由緒の地の旧藩主などが、忠臣の偉業の顕彰を競うという側面があった。

白峰宮

慶応四年八月、讃岐《さぬき》に流されて死んだ崇徳上皇の霊が京都に迎えられて、白峰《しらみね》宮がつくられた。崇徳を京都へ迎えて祀ることは、文久三(一八六三)年から議せられており、慶応二年には白峰宮の造営がはじめられていた。崇徳は、保元の乱にさいして讃岐に流されたのだが、その霊は怨霊として知られており、そのため、維新後いち早く京都に還遷して慰霊することになったのである。明治六年、道鏡によって帝位を奪われ淡路に流された淳仁天皇も、崇徳とおなじように京都に迎えられ、白峰宮に合祀された。おなじ年、承久《じょうきゅう》の変にさいして流された後鳥羽・土御門・順徳の三上皇の霊は、摂津国水無瀬《みなせ》神社に祀られた。いずれも、異国に死んだ非運の皇霊を慰めるという趣旨のものであった。

招魂社　国事に殉じた人々を祀る招魂社《しょうこんしゃ》は、こうした人々の多かった幕末期の長州藩では、宰《さい》判《はん》(長州藩の行政区画で、郡にあたる)ごとにつくられていた。そして、この招魂社と招魂祭の思想は、新政府にうけつがれ、慶応四年五月、ペリー来航以降に国事にたおれた人々の霊を京都東山に祠宇を設けて祀ることが定められた。同年六月、関東・東北の内戦で戦死した人々のための招魂祭が江戸城でおこなわれ、七月には京都の河東操練場で、やはり戦死者の招魂祭がなされた。さらに、諸藩に戦死者の調査を命じ、明治二年には東京九段に招魂社の仮神殿がつくられた。これが東京招魂社で、同八年、嘉永六(一八五三)年以来国事にたおれた人々の霊は、すべて同社に祀ることとなり、同社は、翌九年、靖国神社と改称された。こうした慰霊の祭祀は、幕末期以来、すべて神道式でおこなわれたが、そのことが日本人の宗教体系の全体を神道へ傾斜させた意義は大きかった。

一般的にいって、右にのべたような神社が実際に造営されたり、制度的にととのえられたりしたのは、明治四・五年以降、むしろ七・八年ごろのことであった。しかし、新政府樹立後間もない時期の、楠社の創建、京都と東京の招魂祭、白峰宮創建などは、幕末期以来培われてきた国体神学的な観念の具体化として、重要だった。そのほか、明治元・二年の段階では、徳川氏と東照宮への対抗の意味をもつ豊太閤社と建勲社(織田信長を祀る)の創建も、顕著な動きであった。

宮中祭儀　宮中の祭儀や行事などの神道化も、右のような動向に照応するものといえよう。これにさきだって、幕末の宮中では、仏教や陰陽道《おんようどう》や民間の俗信などが複雑にいりまじった祭儀や行事がおこなわれていた。新嘗祭《にいなめさい》など、のちの宮中祭儀につらなるもののほか、節分《せつぶん》、端午《たんご》の節句、七夕《たなばた》、盂蘭盆《うらぼん》、八朔《はっさく》などの民俗行事がとりいれられており、即位前の幼い明治天皇が病気になると、祇園《ぎおん》社などに祈願し、護持僧に祈禱させた。これらの祭儀や行事などには、民俗的な行事や習俗などをもっとも煩瑣にしたような性格があった。弘化・嘉永以来、対外関係の切迫のもとで、朝廷から寺社へ祈禱させる機会が多くなったが、それは伝統的な七社七寺を中心とするもので、しかもそのさい、神社においては、別当や社僧などのはたす役割が大きかった。

また、天皇その他の皇族の霊は、平安時代以来、宮中のお黒戸《くろど》に祀られていた。お黒戸は、民家の仏壇にあたるもので、そこに位牌《いはい》がおかれ、仏式で祀られていたのである。天皇家の菩提寺にあたるのは泉涌寺《せんにゅうじ》で、天皇や皇族の死にさいしては、泉涌寺の僧侶を中心にして仏式の葬儀がおこなわれてきた。皇霊の祭儀が神式に改められたのは、明治元年十二月二十五日の孝明天皇三年祭からである。この日、紫宸殿《ししんでん》に神座を設けて祓除《ふつじょ》・招神の儀式をおこない、天皇はじめ諸官員が拝礼し、そのあと、孝明天皇陵をたずねて、やはり神式の拝礼がおこなわれた。

宮中における神仏分離

天皇を祀った山陵の復興運動は、江戸時代の尊王思想の具体的な表現の一つであったが、文久二(一八六二)年、幕府の命令で宇都宮藩の家老戸田忠至《ただゆき》が山陵修補にあたることとなり、戸田の建議にもとづいて、維新のあと、山陵を管轄する諸陵寮が設けられた。

ところで、慶応四年閏四月、山陵汚穢について審議されたが、その趣旨は、山陵は天皇の死体を葬ったものであるから穢れたものとすべきかどうかということであった。死体によって穢されたとすれば、僧侶にその管理を任せなければならないことになるのである。この問題の検討を命ぜられた国学者谷森種松は、天皇は現津御神《あきつみかみ》であるから、現世でも幽界でも神であり、穢れるということはない旨を答えた。こうして、天皇霊は、寺院と僧侶から切り離されて、べつに祀られることになった。

明治四年五月、お黒戸の位牌は水薬師寺の一室に移され、ついで方広寺境内に新築された恭明宮に移された。六年には、恭明宮も廃され、位牌は泉涌寺に移された。さらに、七年八月には、皇后・皇子・皇女などの霊祭もすべて神式によることとし、これらはのちに春秋二季の皇霊祭に統合して祀られるようになった。また、宮中の仏教行事としては、真言宗による後七日の御修法、天台宗による長日御修法にひきつづいておこなわれる御修法大法、大元帥法などがあったが、これらも四年九月にすべて廃された(阪本健一「皇室に於ける神仏分離」)。これらの事実は、宮中における神仏分離(仏教色払拭)の表現であり、その画期が明治四年にあったことをものがたっている。

こうした神道化の後日譚として、山階宮晃《やましなのみやあきら》親王の葬儀問題がある。熱心な仏教信仰を続けていた山階宮は、明治三十一年、その死にさいして仏式の葬儀をするように遺言した。仏葬式の可否は枢密院に諮《はか》られたが、皇族の仏葬を許すことは「典礼の紊乱《びんらん》」をもたらす恐れがあるという理由で、山階宮の仏葬式は認められなかった。

あらたな天皇像

ところで、近世の天皇はさまざまのタブーにかこまれた人神《マン・ゴッド》であり、文字通りの雲上人《うんじょうびと》であった。水戸学や後期国学の国体論においても、天皇は基本的には祭祀者であり、権力を行使するのは幕府であった。こうした天皇に「九重《ここのえ》」(皇居)を出て果断な政治的行動をとるように求めたのは、真木和泉など一部の尊攘激派であったが、こうしたあらたな天皇像をうけついで、至高の権威=権力としての神権的天皇を歴史の舞台の中心に押しあげ、そこに状況を突破してゆくカリスマ的威力を求めたのは、維新政権の主導権を握った人々であった。大政奉還のあと、旧幕府・諸藩・草莽《そうもう》などの諸勢力がひしめきあう政治情勢のなかでは、こうした神権的権威＝権力としての天皇を押したてることで、諸勢力の拮抗《きっこう》とそこに生まれる権力の空白状況を乗りこえ、果断に変革の主導権を掌握しなければならなかったのである。

だが、そのためには、幼い明治天皇は、女官や公卿の手中から奪取され、維新政府の指導者たちの政治的作品にふさわしいように訓練され、あたらしい君主につくりかえられなければならなかった。たとえば、大久保の大坂遷都論は、こうした見地から天皇を女官などの旧勢力と旧習から切り離そうとするもので、大久保は、「主上ト申シ奉ルモノハ、玉簾《ぎょくれん》ノ内ニ在シ、人間ニ替ラセ玉フ様ニ、纔《わずか》ニ限リタル公卿方ノ外《ほか》拝シ奉ル事ノ出来ヌ様ナル御サマニテハ、民ノ父母タルノ御職掌ニハ乖戻《かいれい》」することになる、と論じた(『大久保利通文書』二)。

　慶応四年閏四月、天皇は後宮《こうきゅう》から表御殿に移り、毎日辰《たつ》の刻(午前八時)には御学問所へ出て政務をきくようになった。実態はともかく万機親裁のタテマエがとられ、かつては一藩士にすぎなかった参与たちも、敷居一つを隔てて天皇と話すことができるようになった。おなじころ、天皇に『論語』『孟子』『古事記』などの進講がなされるようになり、同年九月の日割では、四、九の日は和学、三、八の日は漢学、一、六の日は乗馬、五の日は武場御覧となっている。若い天皇はこうしたあたらしい訓練にたちまち適応したが、乗馬はとくに気にいり、やがて毎日のように馬に乗るようになった。

東京遷都　慶応四年六月、公卿たちの反対をおしきって、江戸遷都の方針が定められ、江戸は東京と改称された。これは、公卿・女官などの旧勢力から天皇を切り離すとともに、「海内《かいだい》一家東西同視」の意思をしめして、佐幕勢力の根づよい東日本の支配を強化しようとする英断であった。九月、天皇は京都を出発して東京に向い、途中で熱田神宮に参拝した。そして、東京に着いた天皇は、江戸城にはいってこれを皇居と定め、その翌日から神祇官判事植松雅言《まさこと》を官幣使として、東京府下および近郊の日枝《ひえ》社以下十二社に参向させた。ついで、大宮の氷川《ひかわ》神社を武蔵国の鎮守神とし、十月二十七日には、行幸して親祭の意をあらわした。また、日枝社以下十二社を准勅祭社とし、神祇官の直轄にした。天皇が神社崇拝の範を示すことで人々の宗教意識の神道化を促すとともに、地域の有名神社の崇敬を介して人心の収攬がはかられたのである。それとともに、東京へ向う途上で農民の農作業を見たり、氷川神社への行幸にさいして老人をねぎらったり賑恤《しんじゅつ》したりして、「民ノ父母」としての実を示すようにつとめた（『明治天皇紀』）。

明治元年十二月、天皇はいったん京都へ帰ったが、翌年三月、ふたたび東京へ向った。そして、その途上で伊勢へゆき、両神宮に参拝した。神宮鎮座以来、天皇の親拝ははじめてのことであった。そのころ、天皇の周辺では、皇学所御用掛平田鉄胤、漢学所御用掛中沼了三、神祇官判事福羽美静が侍講に任じられており、こうした顔ぶれからして、天皇の教育も、国体思想・神道思想にそったものになっていたと考えられる。

二年五月、行政官六官・学校・待詔局・府県の五等官以上・親王・公卿・麝香間《じやこうのま》祗候諸藩主にたいして、皇道興隆以下の五問が諮《はか》られた。このうち、皇道興隆の諮問は、「今度祭政一致天祖以来固有之皇道復興」をはかるのだとし、そのための施策を問うものであった。しかもそこでは、かつて祭政一致上下同心で、治教は万国に卓越していたのに、「外教」の蔓延《まんえん》によって「皇道ノ陵夷《りようい》(衰退)」をまねいたとされており、暗に「外教」＝仏教の排除が皇道実現の前提とされていた。ここに見られる皇道の理念は、皇道の二字を大教と改めれば、三年正月の大教宣布の詔にほとんど一致するものであり、二年六月二十八日、天皇が神祇官に行幸して、天神地祇と歴代の皇霊にたいして、祭政一致以下の国是の確定を報告するという形式で、このイデオロギーの支配の思想としての位置が確認された。翌日から五日間にわたって、九段の招魂社ではじめて祭典がおこなわれ、七月八日には、これまで太政官中の一官であった神祇官が、太政官の上におかれることになった。

浦上キリシタン

ところで、こうした神道主義の昂揚には、幕末以来の思想史的な背景や王政復古後の政治情勢のほか、キリスト教対策という、より具体的な背景があった。もちろん、キリスト教の浸透を防ぐことは、幕末の国体思想の最重要モチーフでもあったが、浦上キリシタンの処置をめぐって、キリスト教対策が焦眉の政策的課題となったところに、明治元・二年ごろの情勢の特徴があった。

浦上のかくれキリシタンが、竣工したばかりの長崎大浦の天主堂を訪れて、宣教師プティジャンに自分たちはキリスト教信仰を続けてきた者であることを伝えたのは、慶応元年二月のことであった。ひきつづいて、浦上、五島などのキリシタンが天主堂を訪れるようになり、宣教師たちのひそかな巡教もおこなわれるようになった。長崎奉行は、はじめのうち、対外関係の紛糾を恐れて強硬な態度をとらなかったが、慶応三年六月、八十五名のキリシタンを捕えて入牢させた。彼らは、九月には棄教していったん帰村を許されたが、すぐまたその取消しを庄屋に申し出た。

五箇条の誓文発布の翌日にあたる慶応四年三月十五日、新政府は五榜の掲示を定めて、旧幕府時代以来の民衆統治の原則をひきつぐ態度を示したが、その第三札では、

定

一、切支丹邪宗門ノ儀ハ、堅ク御制禁タリ。若《もし》不審ナル者有ㇾ之バ、其筋之役所ヘ可㆓申出㆒。
御褒美可ㇾ被ㇾ下事。

と、キリシタン禁制がかかげられた。これは、旧幕時代以来のキリシタン即邪教観にたつ禁制をそのままひきついだものであったが、キリスト教を邪宗としたことについて、諸外国の強硬

な抗議をまねいた。困惑した政府は、閏四月四日、

定

一、切支丹宗門之儀ハ、是迄御制禁之通固ク可ニ相守ニ事。

一、邪宗門之儀ハ、固ク禁止候事。

と布告して、事態を糊塗した。しかし、キリシタンと邪宗門とを区別したこの布告は、今度は仏教側の疑惑をまねくこととなり、真宗では、邪宗門というのは真宗と日蓮宗のことではないかと疑った。

キリシタン対策

一方、長崎では、九州鎮撫《ちんぶ》総督沢宣嘉《さわのぶよし》が、着任間もない慶応四年二月に浦上のキリシタンを捕え、四月には戸主百八十名を呼びだして棄教を命じたが、聴きいれないことがわかると、十三名を処刑した。また、浦上に大神宮を勧請《かんじょう》したり、長崎に広運館を設けたりして、キリシタンの教誨《きょうかい》をはかった。しかし、キリシタンは、大神宮(伊勢神宮)建設のための夫役《ぶやく》を拒否したりして抵抗し、他方で政府は、キリシタン抑圧について欧米諸国の抗議をうけた。棄教を肯じないキリシタンの抵抗と列強の抗議とにはさまれて、まだ弱体で経験の浅い新政府の困惑は深かった。この問題に対処するため、同年五月、木戸が長崎へ派遣されたが、木戸は巨魁《きょかい》処刑の既定方針を改め、キリシタン百十四名を津和野、福山、長州の三藩に流すこととした。しかし、こうした弾圧策のなかでも、あたらしい時代の到来を予感

しつつあったキリシタンは、いっそう公然とした宗教活動をおこなうようになった。そのため、明治二年十二月には、キリシタン三四三四人を捕えて十八藩に送るという処置がとられた。

ところで、幕末の排仏論に対抗した仏教徒の護教論においては、キリスト教の浸透を防ぐ役割を仏教が担うということが、もっとも重要な論点の一つとされていた。そして、こうした立場を実践にうつして、幕末期にキリスト教の教義について研究したりしたのは、西本願寺門末の一部の僧侶であった。浦上のキリシタン問題は、こうした護教論の立場からは、その使命をはたす絶好の機会であり、新政府の側にも真宗五派(東西本願寺派、仏光寺派、専修寺派、錦織寺派)にキリシタンを教誨させる意思があった。しかし、この方針は、慶応四年八月に体よく撤回され、それ以後は神道主義による教誨がはかられた。それでも、キリシタンを送りこまれた藩では、仏教による教誨がおこなわれるばあいもあり、真宗の僧侶による熱心な教誨が、キリシタンの心を動かすようなことさえあった。しかし、全体としてみれば、浦上キリシタンの頑強な奉教の態度が、新政府の首脳部に民衆意識を強力に統合するあらたな教化政策の必要を痛感させ、それが神道国教主義的な教化理念と教化体制の確立を急がせた、といえよう。

キリシタンの生活態度

信教が公然化する以前、タテマエの上では、キリシタンも踏絵《ふみえ》をおこない、宗門《しゅうもん》改《あらた》めをうけ、葬儀は僧侶に依頼していた。しかし、信教が公然化すると、キリシタンは、寺僧による葬儀を拒否し、日曜日の礼拝を公然とおこない、従来は家々に祀っていた大神宮の御符などを取りはらい、仏像や位牌なども捨ててしまった。あたらしい時代の到来を予感して、信仰心の力強い昂揚があり、仏教徒の庄屋を公然と罵る者などが出現した。

しかし、このことは、彼らが、一般的にいって、反秩序的であったとか反権力的であったとかいうことではなかった。彼らは、信教問題のほかは、年貢もすすんで納める質朴な農民であり、むしろ模範的な良民といってよかった。ところが、そうした人たちが、こと信教に関するときは、どんな苦難も恐れない強信の徒であることが、いっそう当事者たちを脅かした。そうした事情を、仏教側の探索書の一つは、つぎのようにのべている。

各《おのおの》ガ居宅ニオヒテハ、従来祭リオキ候太神宮ノ神符等ヲコトゴトク取除キ、仏像位牌等ハミナ破却シ、仏壇神棚ハコトゴトク打砕キ、村ノ端町ノ内ニ有来リシ地蔵観音等ハ悉ク空堂トシテ、或ハ童子ノタハムレ場トシ、或ハ打クダキタルモコレアリ。実ニ恐ルベキ事情ト申ベキ也。爾《しか》ルニ邪輩同志ハ厳重ニ規則ヲ立、互ニ交リ方至極温和、口論訴訟等イタサズ、事ノ大小ニヨラズ王法ハ急度《きっと》守リ、年貢上納等、神儒仏三教ノ者十日ヲ以テ相収メ候時ハ、邪輩ハ二日三日ヲ以テ相収メ、タトヒドンタク（休日）ノ日ト云ヘドモ、工役等ニ至テハ刻限ヲ違ヘズ相ツトメ、邪輩ニ限リ遊芸三昧等ノ義一切不レ致《いたさざる》趣、是ハ切支丹ハヨキ宗旨也ト領主地頭ニモ思セン為ニ、如レ此《かくのごとく》謹慎致シ候由、爾《しか》レドモ宗教ノ一定《いちじょう》ニ付テハ朝議国是ヲモ恐レズ、不惜身命《ふしやくしんみよう》ニ骨張《ほねばり》イタシ居候様子也。（徳重浅吉『維新精神史研究』）

ここでは、信教を公然化させたキリシタンたちの信教上でのはげしさと、日常的な良民ぶりとが、対照させてとらえられており、しかも、後者の側面にかえって無気味な恐るべきものを見ている。一見、模範的な良民と見えるものが、じつは信仰による自己統御の強固さと一貫性とによるものだとすれば、権力は人々の内面の深奥からの服従を獲得するに足るどんな手段をもちあわせているのだろうか？

キリスト教防遏

新政府は、その発足の当初から諸外国との交渉をふかめ、欧米の文物をとりいれる方針をとっていたから、その過程でキリスト教の影響の増大は必至のことだと見なされていた。そして、浦上のキリシタンの強信ぶりは、やがて不可避となってくるキリスト教の影響が、どんなに始末におえない問題になるものであるかを、実例によってものがたっていると考えられた。そして、外国交際の発展とそれにともなうキリスト教の進出とが避けられないとすれば、それから影響されないように民衆の心を捉える信念体系の確立こそが焦眉の課題であり、そのためには、神道国教主義的な教学と教化体制とを早急に確立しなければならない、とされた。

大隈重信のようなもっとも開明的な政治家も、明治初年にはこうした動向を積極的に担っていたことを、『大隈伯昔日譚』は、「余が歴史に於ける失敗の一事」として記している。大隈は、慶応四年九月、長崎府判事兼外国官判事として長崎に着任したが、それまでは宗教問題については「兎角《とかく》の意見」をもたなかった彼も、キリシタン問題に当面して、「祖宗の神霊を祭り、国家に功労ありし者の精霊を祭ることを以て立教の大本」とする神道の確立を急務と考えるようになった。それは、後年の大隈からは、「今にして顧みれば、実に大胆なる挙措《きょそ》にして、殆ど訝《いぶ》かしき限りなり」とされるようなものであったが、こうした回顧に、当時の焦燥と神道への思いいれがいっそうよく表現されているといえよう。

明治元年十二月に成立した諸宗同徳会盟は、排仏の気運に対抗して仏教各派の団結をはかるものであったが、そこで仏教の社会的使命として強調されたのは、やはりキリスト教防遏《ぼうあつ》であった。神道国教主義が、いわば上から権力的にキリスト教防遏の教化体系を作製しようとしたのにたいして、仏教は、民衆教化の長い実績をふまえて、仏教こそその役割にふさわしいと自己主張したのである(後述)。しかし、仏教がこうした役割をはたすことが国政次元で期待されるようになるのは、もっとのちのことであり、明治元年から三年ごろまでの情勢のなかでは、キリスト教への危機意識は、神道国教主義の昂揚へとほとんど直結していた。

東西本願寺

ここで、仏教側の動向を一べつしておこう。

明治維新が王政復古と祭政一致の理念をかかげて実現されたこと、慶応四年三・四月段階の一連の神仏分離の布告、日吉山王社の廃仏毀釈などが、仏教に与えた衝撃は大きく、しかもそれらは、さらに徹底した廃仏のさきがけをなすものと疑惑されていた。そして、神祇事務局→神祇官に結集した神道家たちは、実際に神道をもって「皇国内宗門」と定め、宗門改めにかわって産土社《うぶすな》による氏子改め《うじこあらた》をおこなうような制度を構想していたのだから、右の疑惑には十分な根拠があったというべきであろう。しかし、神道国教主義へと方向づけられたイデオロギー政策や宗教政策が急展開しつつあるからといっても、仏教側にも長い伝統に由来する強大な勢力基盤があり、発足当初の新政府もまた、仏教側の協力を必要としていた。

仏教側の動向のうち、もっとも重要なのは両本願寺である。幕末の政治情勢のなかで、その創立の由来からしても東本願寺が佐幕的だったのにたいし、西本願寺門末には勤王僧の活躍が顕著だった。後者の中心は長防グループで、西本願寺の重要な拠点である長防二国には、長州藩の尊攘倒幕派と結んで活躍する活動的な勤王僧が輩出したが、こうした動向は、やがて西本願寺を幕末の政局にひきこんでゆくことになった。とりわけ、鳥羽伏見の戦いにさきだって、慶応三年十二月二十六日、門主広如が参内《さんだい》を命ぜられ、新々門跡の明如がかわって参内すると、西本願寺は朝廷方を構成する勢力の一部となった。鳥羽伏見の戦いにさいしては、西本願寺は御所猿ケ辻の警備を命ぜられ、武装した僧侶百名余が御所を固めるとともに、諸国門徒に出京を求めた。

これにたいして東本願寺は、鳥羽伏見の戦いが朝廷側に有利に展開しそうなのを見て、あわてて忠誠を誓った。戦いがはじまる直前には、東本願寺は、戦火を避けて山科へ退去する予定だったが、正月三日の深夜に門跡宏如が参内し、翌々五日、「徳川家由緒之儀ハ軽《かるく》、天恩の義ハ重ク候辺、決而《けっして》心得違申間敷《もうすまじく》候」(『東本願寺史料』)と誓って、朝廷側についた。両本願寺が朝廷側に加担することを定めた日時は、ほんの数日の差にすぎなかったが、そこに介在していた政治的姿勢のちがいは大きく、東本願寺側には、薩長を簒奪者と見る者が少なくなかった。しかし、こうした政治姿勢の相違にもかかわらず、両本願寺が朝廷に忠誠を誓ったこと、とりわけ厖大な献金をおこなったことは、まだ権力基盤の弱い維新政府にとって重要であった。

北国門徒あての檄文

維新政府発足当初からのこうした結びつきに加えて、新政府には、東西本願寺の活動に期待するほかないもう一つの事情があった。というのは、神仏分離令などへの一般的な疑惑を仏教そのものの廃絶の噂に結びつけ、慶応四年の内戦にさいして、北国門徒の決起をうながす者がいたからである。こうした動向は、『江湖新聞』や『もしほ草』など、江戸や横浜で発刊された新聞に記されているものであるが、とりわけ、『もしほ草』慶応四年閏四月二十八日所載の北国門徒あての檄文は、一向一揆の伝統をもひきあいにだしながら、官軍への武力闘争をよびかけていた。一向一揆が肯定的な文脈でひきあいにだされている、稀有《けう》の事例である。

このたび関東へ軍勢発向いたし候事、是より天下のみだれと相成、仏法すいびいたすべく哉と悲歎かぎりなく候。其訳は、今度天子を掠め、奸邪むほんを企、徳川家をほろぼし、天下をうばひとるけいりやく(計略)にて、実にゆゝしき大事に候。もとより彼等は仏法に信仰これなく、ことさら浄土真宗をひぼう(誹謗)いたし、異国人よりきりしたん邪法をうけつぎ候仏敵にまぎれこれなく候。これに一味いたし候ものは、皆々仏敵にて、たとへ今生にて一旦栄ありと雖、阿鼻地獄の罪人也……顕如聖人は御自身に忍辱《にんにく》の鎧をめさせられ、弥陀の利剣をもって、仏敵を降伏あらせられ候例もこれあり。今日仏恩報謝のため、身命をなげうつべき時来れり。依て、門徒中心をあはせ、仏敵と見かけ候はゞ、二念なく打取り可レ申候。万一仏敵のために命をうしなひ候とも、浄土の引接《いんじょう》さらにうたがひあるべからざるものなり。

四月　　門徒中

こうしたニュースを伝えた『江湖新聞』や『もしほ草』は、慶応四年に江戸と横浜であいついで出現した新聞に属し、それらはいずれも幕府方の洋学者などが発行したものであった。洋学者たちは、これらの新聞によって薩長の横暴と奸計を訴え、押しよせる官軍に対抗して、関東の佐幕的な輿論に投じようとしていたのである。そのため、江戸に群生したこれらの新聞は、慶応四年六月にはいっせいに発行をとどめられ、それ以後、官許をへない新聞の発行は禁止された(『もしほ草』だけは、横浜の居留地で発行されていたので、明治三年まで続刊された)。

こうした事情のため、右の檄文やそれに類似の記事には、新聞編纂者たちの意図にそった創作の可能性があり、事実関係については再検討の必要がある。しかし、それにもかかわらず、これらの新聞に一貫して見られる、新政府の宗教政策と反官軍・反薩長の気運とを結びつけた報道には、無気味なところがあり、寺院の新政府批判が公然と発せられるようになれば、「其威力は南方諸侯の会議、又は北国方の軍議よりも却て盛なるべし」(『江湖新聞』)というような情勢論さえ生みだしていた。

新政府の対応

同年六月、太政官が真宗各派の代表者たちを呼びだして、つぎのように伝えたのは、こうした状況への対応であった。

先般、神祇官御再興、神仏判然之御処分被レ為レ在《あらせられ》候ハ、専《もつぱら》孝敬を在天祖宗につくさせらるゝためにて、今更宗門を褒貶《ほうへん》せらるゝにあらず。然るを賊徒訛言を以て、朝廷排仏毀釈これつとむなど申触《もうしふら》し、下民を煽惑動揺せしむる由、素《もと》より彼等、斯《この》好生至仁億兆一視之叡慮を奉戴せざるのみならず、則《すなわち》宗門の法敵とも謂ふべし。仍而《よつて》教旨説諭、便宜を以て、民心安堵方向相定、作業等相励可レ申様、門末教育可レ致旨、御沙汰候事。(『東本願寺史料』)

この布達にさいして、太政官に呼びだされた真宗側の代表者たちには、還俗廃仏の命令が下されるのではないかと怖れながら出かけた者もあったという。しかし、事態は彼らにとって思いがけない方向に好転し、新政府は廃仏の意思のないことを公的に明言し、真宗各派は門末教諭を命ぜられたわけである。そのため、この布達は、のちに各地で廃仏毀釈が展開したとき、政府の真意が廃仏にないことを主張する真宗側の重要な論拠となった。また、同月、越後へ向った仁和《にんな》寺宮《じのみや》麾下の軍勢には、門末教諭の責に任ずべく、下間《しもつま》治部卿《じぶのきょう》以下三人の東本願寺僧が随行した。

門主の地方巡行

この時期の両本願寺の活動で顕著な事実の一つは、門主・新門主などによる巡行化《け》導《どう》がしきりにおこなわれたことである。東本願寺門主の地方巡行は、早くも慶応四年一月十日に始められたが、それは、

先《まず》江州路、夫より尾州等へ御発足ニ相成候事、尤《もっとも》御歩行ナリ。拝礼ノ諸人皆落涙限リナシ。……各々ワラジバキニテ歩行ノ事ニテ、御当山御開闢《かいびゃく》已来未曾有ニ候事。（『東本願寺史料』）

というような雰囲気ではじめられた。親鸞・蓮如の時代からはるかに隔たって、門主みずからわらじばきで門末を巡行教諭するようなことは、ほとんど破天荒なことになっていたのである。この巡行は、慣れない旅路のゆえか発病した宏如にかわって、新門現如によってつづけられ、現如が帰山したのは四月八日のことだった。その間、現如の弟霊寿院による飛騨・三河の巡行もなされ、四月から閏四月にかけては、門主宏如の北陸路巡行がなされた。おなじような巡行化導は、西本願寺でもなされた。

これらの巡行化導は、新政府への献金を集めるためのものであったが、また人心収攬の意味もかねていた。そして、蓮如などの活動様式といくらか似たところもなくはないこうした巡行は、門末の信仰的情熱を高める役割を果した。

いくらか異なった視角から考えてみると、真宗は神仏分離やのちの寺領上知《じょうち》の影響をほとんどうけなかった唯一の宗派であった。また、西本願寺門末の長防グループと長州閥との結びつきを通じて、新政府首脳との意思疎通のルートももっており、発足当初の維新政府への多額の献金も、真宗の立場を有利にしていた。こうした諸事情のため、神道国教主義的な風潮がつよまっても、真宗の勢力はかならずしも衰えず、信仰的には明治初年はむしろその昂揚期にあったものと思われる。

もちろん、そうした状況のもとでも、廃仏の風潮への恐怖は大きかった。慶応四年七月、長い間反目を続けてきた両本願寺が会同して真宗五派連盟が成立するのも、同年十二月に諸宗同徳会盟が成立するのも、廃仏の気運に対抗するための大同団結にほかならなかった。

廃仏気運への対応

慶応四年五月、本覚坊寂順と密巌院泰良という二人の僧は、出雲の天台宗寺院を代表して長文の建白書を提出したが、そのなかで二人は、キリスト教の浸淫が国家の最大の害毒であり、これを防ぐには仏教によらねばならないこと、しかるにいま仏教を疎んじようとしているのは、敵を防がんと欲して剣槍を投げすてるようなものだ、と論じた。このような考え方は、廃仏的な気運にたいする仏教側のもっとも基本的な主張であって、たとえば、明治二年六月の浄土宗からの内願書でも、

①民間の教導は仏教各派へ命じてほしい。そうすれば、皇国固有の神道を基本とし、儒仏をその「輔翼」として民衆を教諭する。

②キリシタンにはひきつづいてきびしい禁圧策をとってほしいが、キリシタンに陥らないように「教誘」するのは僧侶の役目である。

③近年国事多難で外国人からの借入も多いが、仏教各派の僧侶に任せてくれるならば、前記教導のさいに諸民一同から勧財してそれにあてる。

などの趣旨を願い出ている(辻善之助『日本仏教史之研究』続編)。

この時期の仏教側に一般的なこうした主張においては、神道中心的な方向へのイデオロギー編成を容認した上で、国家的課題をすすんでみずからの課題とすることで、神道中心的な体制の内部で仏教のはたす独自な役割の承認が求められているのであった。

風聞　だが、こうした仏教側の動向にもかかわらず、明治元(慶応四)年から二年にかけて、神道中心的な気運は高まり、廃仏的な風潮が強まった。変革期に特有の不安のなかで、来るべき変革についての民衆の予感は極度に鋭敏となり、そこにさまざまの噂が生まれ、そうした噂が真実めかして伝えられてゆくことで、またあらたな状況が生まれていったといえよう。

人々の幻想形成力が刺戟されてゆくと、そこにより極端な廃仏毀釈の状況が思いえがかれるようになるのは、避けられないことだった。たとえば、親鸞に大谷大明神の勅号をあたえ、真宗五派の門主は神道に転じて宣教使に任命されるとか、東寺は弘法《ひろのり》神社として神道に改められるとかの風聞がおこなわれたのは、ややのちのことらしいが（徳重浅吉『維新政治宗教史研究』）、明治二年六月ごろの秋田藩には、つぎのような風聞がひろまっていたという。

一、修験《しゆげん》山伏《やまぶし》真言宗、此迄坊主にて衣を着し候処、御一新に付、皆々髪を立、俗名に名を改め、院号・寺号一切に御停止之事。但、社家に相成候事。
一、追々《おいおい》諸寺院も御停止、神道を祭る様に相成候事。
一、梵鐘銅仏の鋳像を以て銭幣を鋳造して億兆之用に宛《あて》る。
一、仏祭を禁止し、神道を以て祖先父母之霊魂を令《まつらしむ》レ祭。（『秋田県史』）

これは、きわめて徹底した仏教の廃滅と神道唯一主義の風聞である。地域での廃仏毀釈は、こうした風聞に時代の趨勢を見るような状況を背景とし、またその先取りとしてなされた。

Ⅲ　廃仏毀釈の展開

この章では、地域で展開した廃仏毀釈を概観してみよう。

津和野藩

津和野《つわの》藩では、嘉永二（一八四九）年に藩校養老館が改革されて国学が重んじられることとなり、岡熊臣が登用された。熊臣は、千家俊信に学んだ国学者で、神職の神葬祭運動をすすめてきた人物だった。熊臣についで、大国隆正、福羽《ふくば》美《び》静《せい》も養老館教授となり、津和野の学風は、国学と神道説を中核とするようになった。

こうした情勢を背景として、慶応三（一八六七）年六月、社寺改正が断行された。この改革は、社寺のいちじるしい増加が民衆の疲弊の原因になっているとして、元和三（一六一七）年以降に勧請《かんじょう》された神社は、それ以前からある神社の相殿に合祀すること、寺院も本寺または最《も》寄《より》寺院へ廃合することを命じたものだったから、その意味では社寺整理であって、廃仏を目的としたものではなかった。しかし、たとえば一向宗については、寺院住職のほかは法談をしてはならない、きめられた法会《ほうえ》のさいのほかは、俗家はもとより寺院でも多人数を集めて法談をしてはならない、盆の「棚経《たなぎょう》」のために僧侶が俗家を訪れてはならないなどとして、日常の宗教活動に大きな制限が加えられた。宗門改《しゅうもんあらた》めは存続していたが、それはおそらく、小藩にすぎない津和野藩が幕府の法令と辻つまをあわせたためで、「俗家葬祭之義は、天下之大法に不レ障迄にして差置可レ申候」というのが、仏教に容認された役割だった。葬祭の権限を寺院僧侶から奪って神道式にすることが、この改革を推進した人々の基本理念であり、「天下之掟」のゆえに仏教は存続を認められたが、藩主をはじめ士族は神葬祭によるようになった。

神葬祭

慶応四年閏四月、津和野藩主亀井茲監《これみ》（参与、神祇事務局判事）は、「封内衰頽ノ仏寺ヲ廃合シ、釈侶ノ還俗《げんぞく》ヲ許シ、及ビ葬祭ノ儀、神仏ヲ併用セン」ことを請願し認められたが、その内容は、前年の改革の追認にあたるといえよう。しかし、そのなかには、

一、自国庶民ニ至迄、志次第、葬祭之式ハ仏法ヲ相転ジ、古典ニ基キ、神道ニ為レ致《いたさせ》、邪宗調《しらべ》之儀ハ、役方《やくかた》ニテ厳重ニ為二取糺一度《とりたださせたき》事。（『神仏分離史料』続下）

の一項があり、「志次第」とのべられているとはいえ、実際には、一藩を完全な神葬祭に改め、仏教を廃滅することがめざされていた。亀井茲監、福羽美静など、津和野藩の主従が新政府の宗教政策を担うようになったとき、そのモデルが津和野藩の社寺改正にあり、幕府の制度に配慮してなお不充分だったはずのその改革を、十全なものにしようと試みられることになったのは、当然の成行きであったろう。

こうして、藩主・侍身分のものからはじまった神葬祭は、明治にはいると全領民に強制され

た。しかし、藩制が廃止されると、民衆の多くは仏教にもどり、士族は神葬祭をつづけた。神葬祭とは、死者の葬儀と祖先祭祀を神式でおこなうこと、しかもこのばあいは各家で自葬自祭することであった。そのため、慶応三年の社寺改正にさいしては、祖霊祭祀の様式を記した「霊祭要録」、葬送儀礼を記した「葬儀要録」、葬祭のさいに奉読する祭文の文案を記した「略祭文」を定めて、葬祭儀礼のモデルを具体的に提示した。それは、神道の様式によっているとはいえ、内容的には、仏壇にかわって「霊屋」を設けるとか、年忌法要にかわって一周祭、三年祭をおこなうなど、従来の葬祭にほぼ照応していた。また、たとえば、葬送についての民俗のうち、枕飯《まくらめし》については、「習俗なれば随意になすべし」、屛風をさかさに立てることについては、「習俗なれ共いはれなき事なれば、常の如く立べし」とあるように、迷信じみた民俗儀礼もある程度まではとりこまれていた。

だが、伝統的な信仰や習俗とのこうした結びつきにもかかわらず、神葬祭には、民衆の宗教生活を祖霊崇拝を中核としたものに改編しようとする意図がこめられていた。神葬祭を推進した神道家からすれば、日の神や山の神の信仰も、虫送りや雨乞も、婚姻習俗や正月行事などにちりばめられている宗教儀礼なども、人心を迷わす迷信や勝手な濫費などであった。だが、神葬祭を推進した人々の、民俗信仰にたいするこうしたきびしい態度にもかかわらず、藩制廃止の後に神葬祭が継続するばあいもあったのは、それが民俗信仰や習俗と結びついたからであって、そこに民俗的なものの力強い規制力があらわれていた。

総霊社

神葬祭がおこなわれる以前、この地方でもっとも有力だった宗派は真宗、ついで禅宗であった。他の地域の例から推察すると、真宗の勢力圏に属していたことが、藩制が廃止されたあとで民衆の多くが帰仏した一つの理由かもしれない。桜井徳太郎氏は、この地方の村を、禅宗の有力な村、真宗の有力な村、神葬祭の有力な村、それらの混在している村にわけ、宗派の相違と民俗相とのかかわりを検討しているが、その結論は、葬送の方式にかんしては、神官・僧侶が直接に関与する祝詞《のりと》・経文の区別や作法などに若干のちがいがみられるものの、それ以外の葬送儀礼についても、そのほかの信仰習俗についても、ほとんどおなじ様式でおこなわれている、というものである。

たとえば、仏教では「問い切り」「とむらい上げ」という最終年忌は、神葬祭では五十年祭とか百年祭といわれ、五十日目の忌明けは、「仕切り」とよばれて、用語さえ神仏の区別がなく、ともに神棚の覆いをはずすなど、民俗的にはほとんど一致してしまうのである（和歌森太郎編『西石見の民俗』）。神葬祭がその改変に力を集中した葬送儀礼でさえこうした状態であるから、それ以外の多様な習俗や信仰行事において、神葬祭村落に格別の特徴がみられないのも当然のことであろう。

また、民衆がそれぞれ自分の家で神道式の自葬自祭を営むことは、きわめて不安定で心もとないことであったろう。宗教的タブーのもっともつよい葬祭の領域で、内発的な理由なしにそれぞれの家で伝統的様式を改めることは困難だからである。藩制が廃止されると、神葬祭の人々に「葬祭ノ方向ニ惑フ」者があったのは、そうした事情にもよるのであろう。

総霊社の建設は、この状況に対応して、葬祭の様式とその担い手を確実にすることを目的としていた。総霊社とは、他地方では祖霊社といわれるもので、氏神の近くにその村落の祖霊がまとめて祀られたことから総霊社と呼ぶのだという。津和野総霊社はその代表的存在で、その正副社長が葬祭を担当するのであるが、そのほか、神葬祭の盛んな村には村毎の総霊社がつくられた(加藤隆久「総(祖)霊社の一考察」)。寺檀《じだん》関係類似の組織を神道の様式のもとにつくることで、津和野藩の社寺改正は、その成果の一部をようやく後世に伝えたのである。

右にのべた津和野藩の事例は、維新以前に実施されたこと、それを推進した津和野藩主従が維新政府の宗教政策の担当者となったことにおいて、特殊な位置を占めている。

隠岐

これにたいして、一部の藩や地方では、明治元年末以降に強力な廃仏毀釈がおこなわれた。隠岐《おき》、佐渡、薩摩藩、土佐藩、苗木《なえぎ》藩、富山藩、松本藩などがその代表的な事例である。これらの廃仏毀釈には、しばしば水戸藩の社寺改正の影響があるとともに、維新政府の宗教政策を先取りして地域で実現してみせようとする性格があった。

隠岐は幕領で、松江藩の預地《あずかりち》、地域的には、島前と島後にわかれていた。隠岐は僻遠の地であるが、近世後期には京都へ出て国学や神道思想を学ぶ者が多かった。文久期から幕末にかけて、京都で尊王攘夷派の志士たちと交わった中沼了三は、その代表的存在で、朝廷の直轄地となることを求める十津川郷士たちの運動の理論的指導者でもあった。京都で中沼了三と十津川郷士の活動をみた中西毅男《たけお》は、慶応三年五月、同志七十三名の連署を得、十津川郷にならった文武館の設立を松江藩郡代に願い出た。郡代は、「家業第一に心懸け申すべし」と却下したが、彼らはくり返して文武館の設立を願い、聴かれないとみると島内数か所に勝手に文武館をひらき、学問と武術を習練した。

慶応四年二月、同志の一部は脱走して浜田に上陸し、そこで長州軍に出会って徳川慶喜追討などのあたらしい情勢を知った。間もなく帰島した彼らは、同志を結集し、島後全村から農民をあつめて蜂起し、松江藩郡代を追い払ってしまった。この動きの中心になったのは島後の庄屋層と神官層で、島前の庄屋は島後からの要請に応ぜず、松江へ逃亡した。前者は正義党と自称し、これに反対した島前庄屋と仏教勢力は、出雲党と呼ばれた。

仏教排撃

松江藩郡代を追放したあと、正義党の人々は、元の陣屋に会議所と総会所を設けて独自の地域権力を構築し、朝廷の直轄領となることを求めた。正義党は、五月には来島した松江藩兵と戦って敗れたが、その後、太政官監察使が来島して正義党に有利な判断が下され、六月から十一月まで正義党が島を支配した。十一月には、島は鳥取藩の管轄に移され、間もなく隠岐県が設けられたが、正義党の勢力はなお有力であった。

慶応四年六月、地域権力を掌握した正義党は、全島で仏教排撃を実行し、明治二年三月以降の数か月間に、それは最高潮にたっした。神道家や壮士などが先頭にたって、寺院と仏像仏具などを破壊し、家々の仏壇なども破壊された。島後には四十六か寺あったが、すべて廃滅した。神社では神社改めがおこなわれ、仏像仏具などはみなとりだして破却された。島前には、後鳥羽天皇の行在所となった源福寺があり、仏教信仰の中心となっていたが、壮士たちは、本尊大日如来の首をおとし、仏像経巻を破壊して糞尿をかけた。路傍の石仏・庚申塚《こうしんづか》なども、ことごとく破壊された。島内には七十余人の僧がいたが、そのうち五十三人は還俗して帰農し、他は島外に追放された。廃毀された寺院の境内地と所属田畑の一部は、還俗した僧に与えられたが、一部はのちに島の共有財産となり、その収入は学校費などにあてられた。

隠岐の廃仏毀釈がこのように徹底したはげしいものでありえたのは、それが、地域社会を支配している庄屋・神官層に担われていたからである。彼らの社会的政治的な自己主張への願望は、幕末維新期という特殊な状況のもとでは、尊王攘夷思想や国体論の自覚的な先取りとなって表出されるほかなかった。孤島であること、幕領だったこと、慶応三年から明治のごく初年にかけては、時代の転換のなかでこの島に権力の空白状態が生まれたことなどは、彼らに有利な条件となり、国体論的神道説をいっきょに燃焼させることで、彼らはみずからの行動を意味づけ、めざましい活動力を得た。松江藩の郡代を追ったり廃仏毀釈を強行するなかで、彼らははげしい自己燃焼を、ほとんど歴史の僥倖として経験したはずである。

隠岐は、明治二年に隠岐県となり、ついで大森県、浜田県、さらに鳥取県に属した。その間、廃仏と神道帰一の方針は、正義党の主導権のもとに維持され、明治四年一月には、全島民が血判状を提出して神道に帰することを誓った。

血判状

今般、宗門御改革に相成、産土《うぶすな》神社之帳付ニ相成候上ハ、向後只管《ひたすら》産神（産土神）を尊敬可㆑仕候。且又葬法祭儀等、御規定之通堅《かたく》相守可㆑申候。若《もし》違背仕候ハヾ、可㆑奉㆑蒙㆓神罰㆒者也。仍而《よつて》誓旨血判仕処如《くだんのごとし》㆑件。

明治四辛未年正月　勘次郎（血判）

（以下人名・血判省略）

（『神仏分離史料』上）

だが、こうした血判状を提出してみても、一般民衆にとっては神道は強制されたものなのだから、内面的な信仰心が生まれるはずもなかろう。おなじころ、神官たちが提出したべつの文書に、「一昨年紛擾以来、何と無く神社疎《おろそ》かに相成、下々甚敷《はなはだしき》ニ至候而者《ては》、神仏共被㆑廃候様相心得候者も有㆑之候哉に相聞、以之外事《もつてのほかのこと》に候」とあるのは、その点で皮肉なことだった。これは、廃仏毀釈への意図的な抵抗を表現するものではないとしても、信仰体系の強制的な置換が、信仰心そのものの衰退を招いたのは事実であろう。一つの信仰体系を強権により破壊することは可能であっても、べつの信仰体系を人々の心のなかに移し植えることは、強権だけでは不可能だからである。

さらに、仏教勢力の根づよい島前では、仏教再興を求める民衆が集結して「騒ギ立」てるようなばあいもあったらしい。しかし、浜田県も鳥取県も、隠岐は神道に帰一した特別の地域だということで、仏教の活動を認めなかった。ただ、明治四年に廃仏毀釈の実状を調査した浜田県が、横地官三郎以下十一名を処罰したのは、廃仏毀釈の行きすぎをおしとどめようとしたものであったろう。仏教再興の運動は、明治四、五年ごろから、真言宗、真宗、浄土宗などによってなされた。しかし、明治十二年に東西本願寺の僧が来島したさいも、彼らは、変装して島内に潜入し、仏教信仰をひそかに続けている者を探しだそうとして、それを郡長らが阻止しようとする、というような状況であった。

佐渡　幕領であった佐渡は、慶応四(明治元)年の内戦のあと、朝廷の支配地となり、判事奥平謙甫が北辰隊をひきいて島へはいった。明治元年十一月、奥平は諸宗本寺住職をよびだし、寺院の廃合を命じた。佐渡全島の二〇四村、一万八八一一戸にたいし、寺院は五三九か寺もあるから、それぞれ本寺やもよりの大寺へ廃合し、八十か寺とせよ、各宗派では十二月十日まで、真宗は家族があるから十二月二十日までに実行せよ、というのがその内容だった。

奥平は、僧侶を「天下ノ遊民」、寺院を「国家ノ贅物」とし、こうした立場からの改革を、朝廷の権威と軍事力を背景として、いっきょに実現しようとしたのである。奥平は、廃寺の仏像仏具などを集めて焼きはらい、金具をとりだして大砲と天保銭に鋳なおした。

さらに、この改革は、寺院数の減少だけをめざすものでなく、宗教活動の大幅な制限をともなっていた。そのうち、たとえば、

一、土民を勧め僧侶に致す間敷《まじき》事。
一、俗家に至り人を集め、説法勧化《かんげ》等致す間敷事。
一、寺門へ人を集め、遠忌法談抔《など》と唱へ、布告の儀不レ可レ有レ之事。
一、人の死体は土葬を用ゆべし。火葬に致す事停止の事。（『神仏分離史料』上）

などは、とりわけ真宗の宗教活動の実際面をほとんど否定するものであった。また、博奕《ばくち》の禁止などとならべて、念仏講・地蔵講・題目講などを禁じているが、こうした信仰習俗のほとんどすべてが、謹厳な改革者の目には、容赦しがたい遊惰や浪費に見えたのであろう。

ところで、佐渡の寺院は真言宗が圧倒的に多く、ついで禅宗、日蓮宗、真宗、浄土宗の順であった。このうち、真宗以外の僧侶には還俗する者も多かったが、真宗の僧侶には還俗しようとする者がなかった。そして、寺院廃合の命令には従わざるをえなかったものの、廃合された寺院と存置された寺院、廃合された寺院とその檀家とのあいだに約定書がつくられ、廃合寺院

の再興に努力することや、再興されたばあいには檀家は帰檀することなどがとりきめられた。また、脱走僧侶は打殺すという触書《ふれがき》が渡船場へわたされたが、両本願寺や真言宗智山派本山の智積院へ訴え出て、これら本山から朝廷への請願がなされた。すでにのべたように、慶応四年六月、新政府は廃仏の意思をもっていないことを表明して仏教側の協力を求めていたから、仏教側には佐渡の廃仏を地方機関の行きすぎとしてとがめる論拠があったわけである。新政府は、これら請願の趣旨をいくらか認めて、一方的に廃仏をおこなわないように布達し、明治二年八月、奥平は佐渡県(→新潟県)出張を免ぜられた。

奥平が去ったあと、その方針はいくぶん緩和された。明治三年二月に五十五か寺の再興が認められたこと、四月には廃寺のあとへ堂守・留守居としてもとの住職の帰住を許したことなどが、その内容だった。しかし、寺院廃合の方針そのものが撤回されたのではなかった。

真宗の寺檀　明治三年十二月二十四日、新政府はつぎの布告をだした。

今般、寺院寮被レ置《おかれ》、追々《おいおい》御改正筋被ニ仰出一候条、於ニ各管庁一、区々ノ処置致間敷《いたすまじき》事。

但、無禄無檀ノ寺院合併等、自今、本寺法類寺檀《じだん》共、故障有無詳細相糺シ調べ、書ヲ以テ可ニ伺出一事。(『法令全書』)

この布告は、富山藩の廃仏毀釈に抗議した両本願寺の請願を認め、地域の「管庁」がその判断で廃仏毀釈をすすめることを禁止したものであり、仏教側からは画期的意義をもつものだった。それ以前の寺院廃合にふれていないとはいえ、この布告が地域の人々に周知のこととなると、地方官の独断ですすめられた佐渡の寺院廃合の正当性が疑わしくなるような内容といえよう。しかし、佐渡県ではこの布告を無視し、寺院寮を設けて各宗の宗風を改正する旨のその翌々日の布告だけを管内に伝え、かつ、これまでの寺院の廃合については、佐渡県からの伺いの通りに確定したから、今後は請願しても「断然採用難二相成二」ことになった、と布達した。

こうした状況を背景として、五年三月、壬申戸籍作製にさいして、廃寺の檀家でまだ改檀していない者の改檀が命ぜられると、各地で寺檀が蜂起し、県庁からは捕亡方《ほぼうかた》が差しむけられるという騒ぎになった。そのあと、廃寺の堂番(元住職)が、本人一代のあいだは改檀寺院の「院代の心得」として、仏事を勤めることなどが認められた。真宗では、改檀命令には従ったものの、寺檀と寺院相互に誓約書をつくり、事実上、改檀命令を骨抜きにしてしまった。廃寺の檀家から差し出されることになった誓約の文例から、その一部を引いてみよう。

一、御上より厳重の御沙汰に付、表《おもて》は何寺へ改檀致し候得共、貴寺様御一代は三季の届は不レ及レ申《もうすにおよばず》、総て是迄仕来《しきたり》の附届《つけとどけ》は、従前の通、貴寺様へ屹度《きっと》差上可レ申候。

一、当宗の儀は、追て御処置の次第も有レ之趣、御布告に相成候へば、自然貴寺様子孫の代に至り候ても、堂番等御許容に相成候様の儀も可レ有レ之、其節は葬式檀用は勿論、三季を始、諸志納《しのう》物前件の通、貴寺様子孫へ差上可レ申、聊か我儘《わがまま》の振舞仕間敷《つかまつるまじく》候。(『神

仏分離史料』上）

ここには、権力へのあからさまな対抗は語られていない。しかし、明治元年の廃合寺以来、真宗の寺檀は、基本的にはその信仰組織を守り通したのである。時の権力には随順するほかないと知りつつ、しかし、しなやかで強靱な抵抗の姿勢がつらぬかれている、といえよう。こうした文書を残すところに、一寺一檀も脱落させまいとするつよい意志が感じられる。権力への屈従の仮面のしたでのしたたかさ。そこに日本の民衆の権力観の重要な一面を読みとることができようか。

廃合寺再興　廃合寺再興は、その後もねばりづよく続けられた。明治九年ごろになると、それは、「人民の権利」「民権」などで根拠づけられたりした。東本願寺派のばあい、元来の寺院数は四十三か寺、明治二年に存置されたもの十三か寺、明治三年に一部が再興されて二十一か寺、明治十一年にはさらに十二か寺が再興され、十五年には六か寺が再興された。ほとんどが再興されたわけで、そこに他宗との顕著な相違があった。

佐渡は、孤島であること、まだ新政府の地方支配が確立していないきわめて早い時期に廃合寺が断行されたことなど、隠岐といくらか似た条件にあった。しかし、佐渡では、判事奥平が占領者のように乗りこんでいって、一方的に廃合寺を命じたのであって、隠岐のような地域での有力な担い手をもたなかった。しかも、真宗門徒の強靱な信仰があって、それが結局は佐渡の廃合寺を失敗に終らせた。

真宗門徒は、必ずしも表だって権力と戦ったのではなかった。彼らは、権力への随順を表面的には守りながらも、じっさいには権力をだしぬき、団結を固めて信仰を守った。彼らは、本山に請願して、本山から政府にはたらきかけ、事態の転換をはかろうとしたが、本山はそれほど熱心には彼らの期待にこたえてくれなかった。しかし、佐渡の事件もまた、廃仏の動向に対抗しなければならないとする仏教側の動機と根拠の一つとなり、長い眼でみれば、仏教側に有利な情勢をきり開く状況の一部となった。

苗木藩

苗木藩は、美濃山間の小藩(一万石)であるが、きびしい廃仏毀釈を断行した藩として知られている。

苗木藩は、藩主遠山友禄が、慶応三年六月まで幕府若年寄をつとめて江戸に在勤し、幕末維新期の去就に迷ったことや、莫大な藩債などのため、家中が混乱し、慶応四年七月には、「一同之人心も離叛に至り、迚《とて》も治兼《おさめかね》候次第」と、藩主が家臣たちに告白するような状況にあった。この困難は、これまで家老、用人などを務めてきた伝統的藩政担当者をのけて、思いきった人材登用を断行するとともに、士族は十石、歩卒は五石の定禄にするというような大胆な藩政改革によってきりぬけられていった(苗木藩政史については、後藤時男『苗木藩政史研究』による)。

この改革の中心人物は青山直道で、彼は刀番十五両二人扶持という軽格から、明治二年二月には参政、ついで大参事となって、家中の根づよい反対をおしのけながら、改革を推進した。軽格で、明治二年に二十四歳という直道が、藩政の実権をにぎる地位に抜擢されたのは、彼自身の能力のほかに、父青山景通と新政府との結びつきがあったからである。景通も、天保十三(一八四二)年には切米《きりまい》六石二人扶持という軽格にすぎなかったが、嘉永五年、平田篤胤の没後門人となり、慶応四年五月には新政府に召しかかえられて、徴士、神祇官権判事となった。

こうした新政府との結びつきに加えて、この地域一帯に平田篤胤の国学を信奉する者がふえてきていて、それがまた一つのあたらしい情勢となっていた。苗木藩領でも、文久三(一八六三)年から翌元治元年に平田学入門者がふえ、とりわけ明治元―四年には入門者が急増したが、それが、青山父子を支持する勢力となった。明治二年に設立された藩校日新館では、国学が中心におかれたこと、翌年に藩主友禄が平田学に入門したことは、苗木藩における国学の支配権確立を意味するものであったが、藩主友禄にしてみれば、こうした思いきった転換によって、藩体制の混乱をのりきるほかなかったのであろう。

慶応四年七月、苗木城の守護神竜王権現は高森神社と改められ、本尊大日如来像の撤去などがおこなわれた。その後、地域での神仏分離や平田門人の神葬祭改宗などがあったが、苗木藩の廃仏毀釈が本格的に進行するのは、明治三年七月に知事(旧藩主)が自家の神葬祭を願い出、それが領内全域に及ぼされるようになってからである。ついで八月には、村々の辻堂や路傍の石仏石塔などを毀《こぼ》ち、神社の神仏分離も徹底することが命ぜられた。苗木藩の廃仏毀釈は、領内の全寺院(十五か寺)を廃毀し、石像石碑にいたるまで仏教的なものを一掃し、全領民を神葬祭に改宗させる、というすさまじいものだった。

真宗門徒の抵抗

三年閏十月、廃仏毀釈を督促するために領内を巡視していた藩知事遠山友禄は、加茂郡塩見村の庄屋宅に一泊した。そして、庄屋の後見役柘植謙八郎を召しだし、過日、神葬祭に改めるといったのに、仏壇がそのままになっているのはどうしてか、と詰問した。謙八郎が、伯父(庄屋?)は七十余歳で、日夜あまりに廃仏を歎くのでやむをえず「等閑」にすごした、と答えた。友禄は、明朝、仏壇を庭前にもちだすように命じた。ついで病気の組頭市蔵にかわって倅為八が呼びだされ、同家の仏壇も明朝もってきて、おなじく庄屋宅の庭前におくように命じられた。翌朝、両家の仏壇から本尊と脇仏六幅がとりだされ、一つ一つ土足で踏みにじられ、火中へ投げこまれた。仏壇も焼き捨てられた。これを見た市蔵の妻は、狂乱のようになって本尊とともに身を投じて焼死しようとして、まわりの者から抱きとめられた。

こうして、塩見村の人々は、恐怖と不安にかられながらも、結局は神葬祭を受けいれるほかなかった。しかし、謙八郎たちの神葬祭の受書は、つぎのような奇妙な条件つきのものであった。

今般、郷中一統自葬相改可レ申候様被二仰付一奉レ畏候。依レ之、御受書奉二差上一候。右自葬之儀ハ、急度《きつと》相守可レ申候。然ル処平田大人之書物、本願寺坊主ニテ明弁仕候ハヾ、帰宗被二仰付一候様、乍レ恐《おそれながら》御含被レ下置候様奉二願上一候。以上。(『神仏分離史料』続下)

いうまでもなく、ここでは篤胤の著書が本山の僧侶によって論破されること、したがってみずからの帰宗が確信されている。屈折してはいるがねばりづよいこの戦いぶりは、彼らが真宗門徒であったということをぬきにしては理解できない。苗木領内十五か寺は、雲林寺を本寺としてすべて臨済宗に属していたが、塩見村は全村真宗門徒で、旦那寺は尾張藩領にあった。そのため、塩見村では、廃仏毀釈が苗木藩域でだけ強行されていることを知っており、真宗信仰の強靱さともあいまって、藩の政策を容易にはうけいれないような姿勢をとることができたのである。

苗木藩の廃仏毀釈――→神葬祭改宗は、きわめて徹底したものだったため、現在でも旧苗木藩領の大部分は神葬祭であるが、旧真宗門徒にはやがて帰宗した家が多い。それどころか、廃仏毀釈にもっとも抵抗したのは真宗だったことは、この政策が撤回されたあとでは、真宗の評価を高め、この地方における真宗の普及を助けた。

真宗門徒でないばあいには、廃仏毀釈によって地域の宗教事情は、どのように変わったであろうか。ここでは恵那《えな》郡蛭川《ひるかわ》村の例をあげてみよう(『蛭川村史』参照)。

蛭川村

蛭川村は、戸数三五三戸、石高八六七石（明治五年）の山間の村である。廃仏毀釈より以前、村の大部分は臨済宗の宝林寺の檀戸で、神社は、牛頭天王《ごずてんのう》社など五社が蛭川の五社といわれて崇敬されていた。このほか、稲荷《いなり》、秋葉、荒神《こうじん》、天神、金比羅《こんぴら》、大神宮、津島、観音、弁天、薬師、庚申《こうしん》など、きわめて多くの小祠が村内各地にあり、そのうち、仏教系のものは、近世中期に建立されたものが多く、神道系のものは、文化・文政ごろに勧請《かんじょう》されたものが多いという。

蛭川村のこうした宗教体系に最初の大きな変更を加えたのは、明治二年九月の神仏分離であった。これは、蛭川五社から仏教色を拭いさり、祭神を国家神道風のものに改め、社名もそれにふさわしく改めるものだった。併祀されている神名を省き、主祭神だけについてみると、つぎのように変化している。安弘見神社が村氏神にあたり、これまで牛頭天王社、天王様とよばれていたものが、地名をとってこのように改められたのである。

現在の社名	旧主祭神	新主祭神
安弘見神社	牛頭天王	素戔嗚命《すさのおのみこと》
白山神社	白山妙理大権現	？
内理神社	蔵王《ざおう》権現	安閑天王

田原神社　八幡大権現　誉田別尊《ほんだわけのみこと》
奥渡神社　八王子天王　国狭槌尊《くにのさつちのみこと》

宝林寺は、三年八月の廃仏毀釈にさいし、住職は安弘見神社の神官となることを条件に還俗し、庫裡《くり》と厠《かわや》が彼の住居として残されたほかは、まったく廃毀された。そして、宝林寺の寺領処分金で、京都から神鏡六面が三十両で購入された。神体が、仏像等から円い鏡にとりかえられたのである。また、これまでは手を合せて拝んでいたが、それは仏式だとして、はじめに柏手を二つうち、ついで頭を地につけ、さらに柏手を二つうつという神拝式が定められた。

さらに、苗木藩の廃仏毀釈は、小祠堂や石像石碑などにも及ぶものだったから、蛭川村でもそれらはことごとく廃毀されたり、地中に埋められたりした。のちに初代村長、郡会議員となった奥田正道は、熱心な平田門人で、運動の先頭にたった。しかし、これは一般の村民の意思にそうものでなかったから、仏像などの一部はのちに探しだされて、ふたたび祀られるようになった。現在、念仏堂と呼ばれる小堂に、首などを継ぎあわせた石仏類が集められている。村民の恐怖と不安をあらわす奇跡譚をあげてみよう。

○下沢の荒神様は八十八か所の札所でもあり、多くの石仏や石塔があったが、ここの弘法様を玄翁《げんのう》でたたいたら、その目から火が出たのを見た。

○奈良井庚申堂の大きな供養塔をこわすため、大玄翁を振り上げた途端に、その人の腰が痛くて動けなくなった。
○奥渡の仁王様を捨てた人が水難にあって死んだ。(『蛭川村史』)

こうした奇跡譚からすると、旦那寺宝林寺の廃滅よりも、荒神・庚申など身近で尊崇されていた小祠の廃滅の方が、より大きな恐怖と不安をよびおこしたように思われる。これら小祠は、現在もかなり数多く祀られていて、民俗信仰の根強さをものがたっている。これにたいして、旦那寺の方は、祖先祭祀がべつなかたちでおこなわれさえすれば、なくても支障はない、ということであろうか。

神国教

蛭川村については、興味ぶかい後日譚がある。蛭川村には、明治二十年代に報徳社運動がとりいれられ、明治四十三年には、同村は、広島県広村などとともに模範村として内務大臣から表彰された。しかし、こうした模範村をきずいたにもかかわらず、長年村長をつとめた纐纈《こうけつ》秋三郎など村の指導層は、村民に宗教心がないことを憂え、宗教の再興をはかった。そのための一つの動きは、宝林寺の道統をつぐ高徳寺をおこすことで、村の一部は高徳寺の檀家となった。ところが、明治四十一年に当時内務省につとめていた井口丑二《うしじ》が来村して講演し、村民に大きな感銘をあたえ、それが機縁となって、大正四(一九一五)年、井口は妻とともに蛭川村に移住し、神国教という新宗教をひらいた。

神国教は報徳学の神道的側面を発展させた独自の新宗教で、現在は村の八十％ほどが所属している。神国教の本殿は祖霊殿と呼ばれ、そこには家々の祖霊が棚状に並べられて、神殿一杯に祀られている。祖霊祭祀が大きな比重を占めている点では、神葬祭を受けつぐものといえよう。しかし、民衆の宗教生活を祖霊崇拝に一元化したからこそ、宗教心の衰退が避けられなかったのであって、その間の事情の洞察が、神国教の導入へと導いたというべきであろう。

以上のべたように、苗木藩の廃仏毀釈がきわめて徹底したものであり、しかも成功したといってよい結果になったのは、なぜだろうか。

藩政府の術策

第一に、藩政の実権をにぎる者がすっかりいれかわって、あたらしく登用された青山大参事などが、思いきった政策をおこなうことができたということがある。この背景には、青山直道の父景通が新政府に用いられていたこと、平田門人の勢力が急速に抬頭して新しい政策の推進を支えたことなどがあった。明治初年の苗木藩の藩政改革は、士族十石、歩卒五石の定禄制や、それにつづく士族の帰農策など、士族層にたいして厳しい内容のもので、士族層の反対がつよかったのだが、反対派を果断に処分して新政策が遂行されている。そのため、のちに青山邸放火事件（明治九年）がおこったり、士族への復籍復禄運動がなされることになるのだが、廃仏毀釈は、こうした藩政の大転換のなかで、強力なリーダーシップのもとに強行されたのであった。

第二は、廃仏毀釈が一藩かぎりの新政策ではなく、朝廷の意向によるものであり、全国的に施行されるはずのものであるかのように装われていたことである。この点では、苗木領が木曾川北岸の山間の村々だという地理的条件も、藩権力に有利であった。事実の問題として、当時、苗木領の農民は、廃仏毀釈は全国でおこなわれていると思いこんでおり、それが廃仏毀釈をやむをえぬものとして受けいれさせた大きな理由だったらしい。藩政府は、朝廷にたいしては、「神葬祭ノ儀、士族卒族幷庶人ニ至迄追々願出候者不少候ニ付……」と、人々の「願出」によるかのように装いながら、藩内へは神葬祭のことはすでに朝廷へ「伺済」で、既定のことなのだとのべるという術策を弄しており（『神仏分離史料』続下）、廃仏毀釈は、いかにも朝廷の意向によってなされているかのような外観がかもしだされたのであった。

結果からみると、この廃仏毀釈は、寺院仏教をほぼ完全に絶滅したが、民俗信仰を絶滅することはできなかったし、民俗信仰と結びついていたさまざまな行事や芸能なども、やがて復活し伝承された。しかし、この後者の側面を強調して、廃仏毀釈は民衆の信仰のもっとも基底的な部分を変えるほどに強力なものでなかったかのようにいうなら、それはおそらく民俗の表相にとらわれすぎた見方であろう。民俗的なもののある側面が継承されたり復活されたりしても、権力による地域の信仰体系の破壊のあとでは、それが全体としての精神生活においてもつ意味は、大きく変容しているはずだからである。民俗的なものの現存は、この変容について考えるための一つの手がかりではあるが、人々の権力とのかかわりにおける経験の内実は、そうした遺存のうちでは、かえって隠されてしまっているとさえ、いえるのではなかろうか。

富山藩

富山藩は、明治三年十月に藩政の大改革をおこない、林太仲を大参事に抜擢した。太仲は、幕末に長崎で学び、明治元年には貢士となった。彼はまた、長州藩出身の参議で、神道国教主義的な教化政策に熱心な広沢兵助と近かった。太仲の藩政改革は、四十歳以上の者は時代の進運に暗いからことごとく致仕させる、というようなはげしいもので、銃砲を整備するために金具を集めるというのが、廃仏毀釈の理由とされた。

富山藩の廃仏毀釈は、明治三年閏十月から年末にかけてなされたが、そこでは、

此度、朝廷より万機厳律御布告も有レ之、追々《おいおい》時勢転変之秋、郡市諸般(蘭)若(蘭若は寺院のこと)渾《すべ》テ一派一寺ニ御改正有レ之候条、迅速合寺可レ有レ之候。(『富山県史』史料編Ⅵ)

と、朝廷の権威と意思とが前面に押しだされた。この布達では、朝廷は、廃仏はもとより、一派一寺というような命令を出してはいないのに、朝廷は「万機」にきびしい規則を定めたという変革的機運についての一般論から、廃寺があたかも朝廷の意思であるかのように印象づけるという狡猾なスリカエがなされている。

この廃合寺は、領内三一三か寺を各宗一寺、計八か寺に合併するというすさまじい内容で、真宗は東西両派で一寺、禅宗は臨済・曹洞両派で一寺に合併されることになった。しかも、時

宗は天台宗へ、修験道は真言宗へ合宗されて、実際には領内の全寺院を六か寺にまとめようとするものだったらしい。富山市中に軍隊を巡回させ、各地に兵を伏せて本山や他領檀越《だんおつ》との連絡を断つという強圧的手段がとられた。金具をとるため、仏像仏具は焼かれ、梵鐘は廃止された。

富山藩は、真宗がもっとも盛んな地域に属し、廃寺の影響も真宗がもっとも著しかった。藩内の真宗寺院は一五七か寺、塔中《たっちゅう》九十一か寺、計二四八か寺、僧侶と家族は千二百人余だったが、それを常楽寺一寺に合寺し、僧侶とその家族も同寺に集められた。常楽寺は、境内千三百坪、本堂を除いて畳数で百七十枚ばかり、それに地中明徳寺の畳七十枚分を加えて、二百四十畳に千二百人余がつめかけることになった。そのため、せめて一寺あたり三十五坪の土地を割りあててほしいという訴願が出されたりした。

真宗僧俗の動向

廃合寺の命令は、僧侶と民衆をふかい恐怖につき落し、さまざまの混乱をひきおこしたが、結局は実施された。藩権力の強圧は、まだなにか得体のしれない朝廷の権威と結びついていて、容易には抵抗しえないものだったのである。役人がくるまえに村人の手で寺院をこわし、本尊などを隠すようなばあいもあった。藩権力の実力以上に増幅された恐怖の思いが人々をとらえ、それが急速な廃合寺を可能にした。

しかし、真宗をはじめとして、各宗ではその暴状を本山に訴え、真宗の僧侶のなかには、出京して政府へ訴える者もあった。西本願寺は佐田介石を、東本願寺は松本白華を富山に派遣して、実況調査と藩庁への談判をおこなわせた。そのころ、真宗の僧侶たちのなかには、廃仏毀釈の気運のなかでかえって護教への信念と闘志をかきたてている者たちがあり、一方での恐怖や不安と他方での信仰的昂揚がみられた。富山藩の廃仏に憤る、金沢での逸話を記してみよう。

能登の本光寺といふ、年も五十位の人ぢやつたが、それが雪道を歩きながら、材木町だつたかを通るとき、本光寺が、「なあに門徒の奴が皆出て来るさかい、この門徒の奴を皆狩り出せば、五千や一万はぢきによる、藩庁を打ち壊しちまへ」といふ。「なにもそんな事を大きな声でいふな。若し聞えてはいかん。いふならそつといへ」といふと、「いや余り無法な事をやりよつたら、やつつけちまへ」といふ。大変な元気ぢや。すると素道が、これは小さな声で、「なあに、やつちまへばいゝぢやないか」といひよる。……その時の議論なんぞは、抱腹絶倒の議論ぢやな、今日からいふと……。（『神仏分離史料』続上）

こうした大言壮語をするためには、直接的な抑圧下にいないとか、いくらかひろい知見をもつとかというような条件が必要だったかもしれない。しかし、門徒農民の蜂起は、のちの大浜騒動や越前藩の一揆からしても十分にありうることだったし、富山藩でも、翌四年二月に、「百姓体《てい》之者共二千人蜂起、富山城下一時ニ焼亡スト申呼《よばわ》」るような事件があり、僧侶の説得でことなきをえたという（柏原祐泉『日本近世近代仏教史の研究』）。

廃合寺政策撤回

三年十一月二十八日の、府藩県各管内の寺院廃合の実状について詳細に届けでよという布告は、こうした情勢をうけて、府藩県庁などの独断的な廃寺廃仏を押えて、地方民とのトラブルを避けようとしたものかもしれない。また、十二月八日の、末寺門徒を勝手に出京させてはならない、出京のさいには地方官の許可をえさせよという両本願寺への布達は、富山藩と松本藩の真宗僧の出京請願を抑圧するためのものだった。つづいて、十二月二十四日の、寺院寮を設置して改革をすすめるから、「於二各管庁一区々ノ処置致間敷」という布告（九五頁参照）は、富山藩のように地方管庁で独断的におこなう廃仏毀釈を禁じたもので、両本願寺を中心とする政府へのはたらきかけの成果であった。そして、政府は、一方で本願寺に門末説諭を命ずるとともに、翌年五月八日には、富山藩へ、

先般、於二其藩一各宗寺院及二合併一候二付《つい》而者《ては》、頗《すこぶ》る下情怨屈之趣相聞、不都合之事二付、更二穏当之処置方取調可二伺出一候事。（『神仏分離史料』上）

と令して、廃合寺政策そのものの撤回を命じた。こうして、富山藩の廃合寺政策は失敗に終ったのであるが、すべての寺院がすぐに復活したのではなかった。五年には、檀家数七十戸以上の寺院の再興が認められたが、檀家数七十戸以下の寺院についてもその再興が認められたのは、九年のことだった。

松本藩

松本藩では、明治二年七月、藩祖らを祀った五社神社の神仏分離がおこなわれ、別当寺弥勒院の住職は五社神社の神官となった。翌年八月、藩知事戸田光則《みつさだ》より廃仏についての願書が政府へ出されたが、それは、知事一家からはじめて、「遂ニハ管内悉ク神葬祭ニ相改サセ度」とするもので、「故障之筋無レ之候ハヾ、不レ苦候事」と、承認された。

廃寺と神葬祭は、翌四年はじめからひろく実施された。それは、役人が村々を巡回して廃仏の必要を説き、神葬祭を出願させる、というやり方でおこなわれた。神葬祭願書の書式をかかげてみよう。

　奉レ願口上之覚

方今、御一新之御趣旨ニ基キ、神葬祭ニ仕度、此段御許容被ニ成下一置候様宜布《よろしく》被ニ仰上一可レ被レ下候。以上。

　明治四年辛未二月

何郡何村願主

苗字名印

（『神仏分離史料』中）

ここでは、神葬祭に改めることが「御一新之御趣旨」に基くことになるのだとされているが、それが政府の政策とは異なること、とりわけ、地方官の独断による廃寺廃仏を禁じた布告に背くものであることは、いうまでもなかろう。知事戸田光則や当時の藩政担当者たちは、水戸学や国学の影響をうけた人々で、彼らはこうした思想的立場から神道国教主義的な立場を先取りしようとしたのだが、しかし、そのためにはじつは、朝廷は「廃仏之御趣旨」だとして、朝廷の権威をもちだすほかなかったのであった。

松本藩のばあい、完全な廃寺→神葬祭がめざされており、一か月程の期間に大部分の寺院は、廃寺帰農したらしい。松本市内には二十五か寺あったが、存続したのは四か寺のみで、それはいずれも真宗寺院であった。寺院の建物や土地は、帰農した寺院にあたえられ、また一部は学校新設用にあてられた。しかし、こうした権力的な廃寺政策が抵抗なしにおこなわれたのではない。死を賭して還俗を拒み、他国に逃れる僧があり、神葬祭を強要しようとして訪れた役人にたいし、村人が危害を加えようとし、役人がかろうじて逃げ帰るようなばあいもあった。

真宗僧侶の抵抗

だが、ここでも廃仏政策に一貫して抵抗したのは、真宗の僧侶たちであった。松本正行寺の住職佐々木了綱の『信濃松本護法録』は、真宗末寺僧の抵抗ぶりを伝える興味ある記録である。

了綱は、三年八月、月並の和歌の会での藩士の会話から、廃仏政策が展開されるのではないかという予感をはじめてもった。そこで了綱は、蕎麦好きの藩士を名物の蕎麦で誘いだし、まず事実を確かめる。そのあと、彼は出京して浅草御坊を通じて朝廷へ訴えようとする。上京した了綱は、他宗の僧や大洲鉄然、島地黙雷、松本白華など、両本願寺の有力僧にもあい、各地の情勢をきいたり、藩内の状況を訴えたりする。了綱がとくに力を注いでいるのは、廃仏と神葬祭が朝廷の命令なのかどうかを確かめることである。十二月末、了綱は薩摩の岩下方平から松本藩知事の願書を入手し、それが朝廷の命令でなく、知事からの願いによるものであることを知る。帰国した了綱にたいし、硬軟さまざまの手段を用いて廃寺還俗がすすめられる。しかし、了綱は、廃仏は朝廷の意思だといわれるがそのようなことはない、朝廷が廃仏の旨趣なら京都の本山がまず廃寺になるはずなのに、本山が存続しているのは、朝廷が廃仏の旨趣でない証拠だ、などといって頑張る。了綱は入牢を覚悟しているが、東京で全国的情勢や政府の動向を見究めてきた者としての確信があり、二、三年でこうした藩政も転換するだろうという見通しが、彼の抵抗を支えることになる。さらに、藩と朝廷との政策の上のズレを把握している立場からして、「飽迄《あくまで》僧形《そうぎょう》相貫キ候義、即僧侶ノ勤王ト奉レ存候」と、「勤王」を廃仏の抵抗線とすることさえできた。こうした抵抗は、藩の廃寺政策を挫折させる直接的な原因となることはなくても、その限界をつくりだし、長い眼で見れば、廃寺廃仏政策を失敗に終らせる情勢の一部となっていった、といえよう。

松本藩の廃寺政策は、実際におこなわれたのは明治四年にはいってからで、廃藩置県の直前のことである。廃藩置県のあとでは、この政策はうやむやになったから、民衆は仏教に復帰した者が多かった。しかし、士族の多くは神葬祭にとどまったし、寺院と僧侶は大幅に減少した。また、路傍の石像石碑なども、短い期間とはいえ破壊の対象となったから、民俗信仰への影響も少なくなかった。

成功と失敗　以上のほか、地域で廃仏毀釈がおこなわれた事例に薩摩藩・土佐藩・平戸藩・延岡藩などがあり、領民の反抗で実現しなかったが、廃仏毀釈を実施しようとした藩として、多度津藩などがあった。また、藩・県などがこうしたきびしい廃仏毀釈の方針をとらなくても、地域で寺院の廃合がなされることも多かった。

村田安穂氏の統計的研究から、寺院数の変動についての概括的な結論を表示すると、表1のようになる。宮崎県で廃寺の割合がとびぬけて高いのは、明治三年から五年にかけて、延岡藩・高鍋藩・飫肥《おび》藩などで廃合寺政策がとられたからである。長野県のばあいは、松本藩領にあたる三郡、とりわけ北安曇郡が現存九、廃合二十八、南安曇郡が現存〇、廃合二十九と、きびしい廃合寺の結果となっており、それ以外の地域と顕著な相違がある。また、廃合寺の割合の高い宮崎県でも、真宗は現存四十九、廃合十四となっており、他地域の事例もあわせて、真宗寺院の生命力はずばぬけてつよかった。そして、これらの事実から、明治初年の廃仏毀釈の嵐のなかでも、全体としてみると寺院数の減少はそれほど顕著ではないこと、しかし、廃仏毀釈が政策的になされた地域では、その影響がきわめて大きかったことが理解できる。

表1　現存・廃合寺数

	現寺数(1)	廃合寺数(2)	$\frac{(2)}{(1)+(2)}$	廃合寺の時期
群馬県	1,197	77	0.06	明治元〜11年
埼玉県	2,303	574	0.19	慶応元〜明治9年
長野県	1,426	247	0.15	弘化年間〜明治12年
宮崎県	120	428	0.78	慶応元〜明治8年

（注）　群馬県は邑楽郡を除いたもの．村田安穂「明治初年における群馬県の廃仏毀釈」所載の表をもとに，同氏の論文から補足した．

ところで、地域での廃仏毀釈の結果を概観すると、津和野藩、隠岐、苗木藩、薩摩藩は、その政策意図がつらぬかれたという意味で、成功した事例、富山藩、松本藩は失敗した事例、佐渡と土佐藩はその中間程度、ということになろうか。もっとも、成功した事例でものちに仏教勢力の部分的な再興がみられたし、失敗した事例でも寺院僧侶は激減し、仏像仏具などの広範囲な破壊がみられた。失敗したばあいもふくめて、廃仏毀釈を境とする地域の宗教体系の転換は、きわめて大きかったと考えてよかろう。こうした「成功」と「失敗」を規定し、廃仏毀釈を条件づけた諸要因をつぎに考えておこう。

朝廷の権威　第一に、廃仏毀釈は、朝廷というあたらしい権力の権威と威力とをふりかざしてなされたものだった。維新以前に廃仏毀釈を実施した津和野藩はやや異なるが、廃仏毀釈のような強引な政策は、地域の権力の意思だけでは容易には実施しえず、廃仏毀釈は朝廷の意思だとか、全国でおこなわれている（やがておこなわれる）などと強調することで、はじめて実現可能になった。そのさい、地域の藩・県の権力と新政府とのあいだに、今日からみれば明瞭な方針の相違があったが、地域の権力は、民衆にむかっては朝廷の意思だといい、政府にむかっては領民の意思によって神葬祭をおこなうのだ、などとのべて、その間のズレを弥《び》縫《ほう》した。こうした術策は、権力者に特有の奸計でもあったが、国体論思想の先取り的実践という課題意識のなかで、躊躇なく用いられた。地域で生活する人々にとっては、あたらしく登場してきた中央権力は、神権的威力にみちた絶対的なものであって、それに筋道たてて対抗することは、思いもよらないようなことだった。

僻遠の地　第二に、廃仏毀釈は、比較的に僻遠の地で、地域に国学者や神道家などの受容基盤ないし担い手があるばあいに、成功しやすかった。孤絶した隠岐・佐渡のような島国はもとより、木曾川北岸の山間部に展開する苗木藩、九州南端の薩摩藩などは、他地域との隔絶性がつよく、領民にたいし地域権力が情報を独占しやすかった。この条件に加えて、隠岐、苗木藩のように、地域の豪農村役人層や神官などが、その担い手として積極的に活動したとき、廃仏毀釈政策は、もっともよくその意図を貫くことができた。これにたいして、富山藩や松本藩のように、藩域が比較的に大きく、しかも他地方との交流も絶えないような地域で、藩政担当者がこうした政策を強行しようとしても、一時的にはともかく、長い眼でみれば成功の条件は乏しかった。

真宗の抵抗　第三に、明治四年までの廃仏政策を失敗に追いこんだのは、仏教、とりわけ真宗の抵抗だった。富山藩が有名な真宗地帯であることはいうまでもないとして、佐渡、松本藩でも、真宗僧俗が一貫して廃仏政策に抵抗し、この抵抗が結局は地方管庁で廃寺廃仏を一方的に決定してはならないという明治三年十二月の布達をひきだしたのである。

こうした抵抗の先頭にたっているのは、地域の末寺僧で、彼らは本山に頼って朝廷に請願してもらうという方策をとったが、これにたいし、本山の動きは、地域末寺の期待するほどに活発なものではなかった。しかし、この時期に、西本願寺派の大洲鉄然、島地黙雷、佐田介石、東本願寺派の石川舜台、松本白華など、やがて明治の仏教界を担う人々が、廃仏毀釈の気運のなかで積極的な活動を開始するようになった。こうしたあたらしいタイプの僧侶たちと地域の末寺僧とは、かなり異なった立場に立っていたが、しかしその努力は相乗的に作用して、真宗の社会的発言力を強化していった。

宗教心の衰退　第四に、廃仏毀釈は、その内容からいえば、民衆の宗教生活を葬儀と祖霊祭祀にほぼ一元化し、それを総括するものとしての産土《うぶすな》社と国家的諸大社の信仰をその上におき、それ以外の宗教的諸次元を乱暴に圧殺しようとするものだった。ところが、葬儀と祖霊祭祀は、いかに重要とはいえ、民衆の宗教生活の一側面にすぎないのだから、廃仏毀釈にこめられていたこうした独断は、さまざまの矛盾や混乱を生むもとになった。そして、こうした単純化が強行されれば、人々の信仰心そのものの衰滅や道義心の衰退をひきおこす結果になりやすかった。ここに仏教が民衆教化の実績をふまえて、その存在価値《レーゾン・デートル》を再浮上させてくる根拠があろうし、さらにもっとのちまでの見通しとしては、キリスト教や民衆宗教が活発に活動する分野が存在していたことも理解できよう。

明治政府の指導者が確保したいのは、天皇を中心とするあたらしい民族国家への国民的忠誠心であり、国学者や神道家の祭政一致思想や復古神道的な教説は、わりきっていえば、そのためのイデオロギー的手段として採用されたのであったから、国民的忠誠心を有効に確保してくれそうなどんなイデオロギーも、新政府と結びつきうる可能性があった。だから、国民の宗教生活に長い伝統をもつ仏教には、国民的忠誠心の確保という焦眉の課題についてのみずからの有効性を証明してみせることによって、その再生の道が拓けてくるはずであった。

Ⅳ　神道国教主義の展開

1　祭祀体系の成立

明治二年七月、令制にならって神祇官が太政官の上におかれたとき、神祇官の職掌は、祭典の執行と陵墓の管理と宣教の三つであった。すでにのべたように、この職掌では、令制に規定されている御巫《みかんなぎ》と卜兆《ぼくちょう》は除かれており、その点からすると、宗教性に固有の次元は、もはや時代にふさわしくないものとして斥けられていたともいえる。

神祇官の役割

しかし、神祇官に結集した国体神学のイデオローグたちからすれば、こうした職掌が十全に果されることで、神霊への敬慕と鎮祭を軸に国民の意識が統合されるはずであった。神祇官の地位確立を求めた上申書が、

神祇・皇霊又万民ノ心魂モ共ニ幽冥ニシテ、コレヲヲサムル事、最モ当官ノ職掌ニシテ、使寮（宣教使と諸陵寮）モ亦被接スル所ナリ。此職治マル時ハ、風雨順時天道人事協和シ、政令も亦行ハル。是、古来当官ヲシテ百官ノ上ニオカレシ所以ナリ。（阪本健一「明治神道史」）

とするのは、今日の私たちには、オーバーな修辞にすぎないように見えるけれども、じつは神祇官によって統一的におこなわれる祭儀や宣教こそが、神霊を鎮めることによって温和な自然や安定した政治を実現すると確信されたのであった。

そこで目ざされているのは、頂点に神典に記された神々と皇霊をいただき、つぎに諸国の有名神社と国家の功臣を配し、底辺に村毎の氏神と祖霊への崇拝をおく神々の体系を樹立すること、そして、それ以外の宗教的なものを淫祀や邪教として斥け、そうした淫祀や邪教にまつわって国家的支配から逸脱しようとする人心を支配秩序のうちへとりもどすこと、こうした戦略にそって、神社・神職の国家管理と宣教・教化をすすめることなどであった。

祭祀対象の設定

ところで、明治元年から二年にかけて、天皇が熱田神宮、氷川《ひかわ》神社、伊勢神宮などに親拝したことや、楠社や白峰宮などが創建されたことや、幕末維新の殉難者の招魂祭がおこなわれたことはすでにのべたが、これらは、どのような神々を祭祀すべきかということや、その序列などを確認してゆく意味をもつ事実であった。しかし、この段階では、国家が祭祀すべき神々はまだ体系化されておらず、地域の民衆にどのような神をどのように祭祀させるかということもはっきりしていなかった。

天神地祇や皇霊を全体として祀る恒常的な施設が求められたのは、それが、こうした状況を克服して、神々の国家的祭祀を体系化してゆく重要な一歩だったからである。

慶応四年三月十四日の五箇条の誓文発布の儀式は、皇居紫宸殿《ししんでん》に神座を設け、そこへ神おろしをして天神地祇を招きよせるという形式によった。明治二年六月、天皇が神祇官に行幸して天神地祇・皇霊に国是の確立を奉告したさいも、やはり神座を設けて神おろしをした。しかし、この神祭は、やがて神祇官にこれらの神々を祀る神殿を設ける前提で、同年十二月、神祇官に仮神殿が設けられて、八神・天神地祇・皇霊が奉祀された。八神というのは、神皇産霊神《かんみむすびのかみ》など八神のことで、これは、令制の神祇官が衰えて以来、白川家と吉田家にあった神祇官代に祀られていたのだが、この時、神祇官に移され、神殿の中央に祀られた。東座には天神地祇が、西座には歴代の皇霊が祀られた。そして翌三年正月三日には、右の神々の鎮祭をおこない、大教宣布の詔を発布し、宣教使伊能穎則《いのうひでのり》、同本居豊穎《とよかい》などの宣教講義がなされた。祭政一致を表現する理念と施設と様式とが定められたことになろう。

宣教使　これにさきだって、明治二年三月、太政官に教導局が設けられ、七月の官制改革にさいして宣教使が設けられた。当初の宣教使は職制も官員もない名目的なものであったが、九月、宣教長官以下を神祇官の官員が兼務する職制がつくられ、すぐつづいて、宣教使は神祇官の附属となった。教導局・宣教使の設立を主唱したのは、長州藩出身の儒者小野述信だったらしい。小野は、慶応四年に長州藩に預けられた浦上キリシタンの教誨にあたったが、その経験から国家的規模での教導体制の必要を痛感して、教導局(→宣教使)の設立を主張したのだという（藤井貞文「宣教使の研究」）。小野は、教導局設置とともに最初にその御用掛に任じられ、宣教使においてももっとも勢力があった。

翌三年正月三日、大教宣布の詔の発布にさいしておこなわれた宣教使たちの講義は、「大教」にもとづく宣教活動の開始を意味していた。だが、宣教使設立の目的は国民全体の教導にあったから、宣教活動は、とりわけ地方でおこなわれなければならないものであった。そこで、地方の府藩県に一両名の宣教掛をおくこととし、人材を選ぶように指令された。

しかし、地方の藩などでは、こうした教導政策への準備はまだ整っておらず、この指令を迷惑に思うばあいが少なくなかった。そのため、たとえば、「此度、更に選挙仕候程之人材無二御座一、未熟之者撰出候而《て》も却而《かえって》奉二恐入一候間、何卒御免被二成下一度奉レ願候」（平戸藩）などと、選任を辞退するばあいもあった。しかし、政府は、神祇官でおこなわれる宣教に上京中の地方官を出席させ、また、さしあたっては「皇学」に熟達していなくても人望ある人物ならばよいなどとして、宣教掛の選任を推進した（藤井、同右論文）。

神祇官から教部省へ

こうして神祇官は、制度上最高の位置を占めるとともに、祭政一致の理念を具体化する場所としての常設の神殿をもち、全国的な宣教の体制も整えられていった。しかし、神祇官の実態は「昼寝官」「因循官」と称されるありさまで、太政官の頤《い》使《し》に甘んじ、宣教の実績をあげることもできなかった。そして、三年十二月には、官員削減のあおりをうけて、神祇官のなかでも急進派と目された人々は、その職を失った。常世《とこよ》長胤《ながたね》『神教組織物語』は、その間の事情をつぎのようにのべている。

> 此時ニ神祇官宣教使ハ多ク職員ヲ減ジ、大抵因循徒ノミ跡ニ残レリ……神祇官ハ福羽《ふくば》美静《びせい》ノ心ノ儘トナリ、宣教使ハ小野述信ノ心ノ儘トナリ、官使（神祇官と宣教使）ノ滅亡近キニアラント、人皆サ、ヤキシナリ。

神祇官と宣教使の実権を握ることになった福羽と小野は、長州閥の一画をなす開明的な宗教官僚とでもいうべき存在で、福羽は、神社に生物ばかり供えるのは不都合だ、西洋料理くらいは供えねばならぬとのべるような人物だった。おなじく国学といっても、大国隆正の国学は、時勢に敏速に反応して、復古神道の内実を時代の必要に合致させようとする傾向が強く、福羽は、そうした傾向を代表して、新政府の必要にふさわしい神祇制度を樹立しようとしていたのである。これにたいして、丸山作楽《さくら》・常世長胤らの平田学派の人々は、時代離れした祭政一致を唱えて、神祇官から斥けられた。そして、こうした人々が神祇官から斥けられたことがいっそう神祇官を弱体化し、神祇官はやがて神祇省に格下げされ、ついで教部省に改組された。

こうした制度改革にともなって、神祇官の神殿の宣教の中心としての性格は、大教院に祀られた四神（造化三神と天照大神《あまてらすおおみかみ》）にうけつがれたが、しかし、その国家的祭祀の中核としての側面は、宮中三殿にひきつがれた。宮中三殿というのは、賢所《かしこどころ》・皇霊殿・神殿のことであるが、このうち、天照大神を祀る賢所をべつとして、皇霊殿は、神祇官が廃されたときにその神殿の皇霊を移すことによって成立したものであり、神殿は、神祇省が廃されたさいに、神祇官時代からの神殿に祀られていた八神と天神地祇を移すことで成立したものであった。

こうした制度改革によって、祭政一致の理念は、現実政治の場での神政的装いをいっそう失って、天皇という至高の権力者＝祭祀者による皇室祭祀という祭儀形式の次元へと後退していった。だが、神政国家的な祭政一致を主張する急進派を斥けることで、祭の次元と政の次元が区別されることになると、祭祀の体系を制度的に整備することがかえって容易になった。このようにして、神祇官が省に格下げされ、さらに教部省に改組されてゆく明治四・五年段階で、国家による神々の祭祀は、いっそう体系的に整備されていった。

伊勢神宮の改革

こうした体系的整備の一つは、伊勢神宮の改革である。神祇官時代には、国家の祭祀体系の頂点におかれたのは、神祇官の神殿であったが、やがて宮中三殿と伊勢神宮とが至高の祭祀対象とされるようになっていった。この目的にそって伊勢神宮の改革がおこなわれたのは、明治四年から五年にかけてのことで、四年一月、長いあいだ世襲してきた藤波家の祭主職が免ぜられ、近衛忠房が神宮祭主に任ぜられたのは、この改革の端緒だった。しかし、忠房は神祇大副を兼ねて東京に在勤しており、この祭主職の交替はまだ実質的な改革にほとんど結びついていなかった。

神宮改革の制度的前提は、神社は「国家ノ宗祀ニテ一人一家ノ私有」すべきものでないとし、神職の世襲制を廃止し、また全国の神社の位階などを定めた同年五月の布告である。この布告の原理にもとづいて、七月には神宮改革についての布達がだされた。その要点はつぎのようなものである。

①皇太神宮と豊受《とようけ》太神宮とは「差等」があるべきなのに、中古以来同一になっている。両神宮の「御体裁ノ別」等を定めよ。

②荒木田・度会《わたらい》両姓の者が両神宮に分れて奉仕してきたが、この区別を廃し、また両姓以外からも神官を任用する。また、大内人《だいないじん》以下の職掌を改廃して、主典・宮掌などに改め、不必要なものは廃止する。

③御師《おし》および御師がおこなっていた大麻《たいま》配布を廃止する。(『法令全書』)

この改革に先だって、伊勢神宮は、荒木田・度会両氏を中心に独自の神職身分組織をもち、厖大な数の御師の活動によって多くの参詣人を得ていた。また、御師は外宮に所属する者が圧倒的に多く、民衆的な伊勢信仰では、外宮の占める比重が高かった。この改革は、国家神としての内宮に至高の位置をあたえるとともに、神官組織をすっかり改め、信仰的にも組織的にも伊勢神宮の実態をすっかり改変しようとするものだった。

表2　神宮神官の新任状況

明　治	4	5	6	7	8	計
神宮関係者	21	27	15	1	—	64（うち御師11）
外来者	—	5	24	6	4	39

神宮神官の任免

神官職制は職階の順に、祭主、大宮司《だいぐうじ》、少宮司、禰宜《ねぎ》、権《ごん》禰宜、主典、権主典、宮掌とされたが、おなじ職階でも内宮のそれが外宮よりも上位におかれた。そして、実際に神官任免があたらしい基準でおこなわれ、神職身分の者に大変動がおこった。『社寺取調類纂』七四に書きあげられている神宮神官の新任状況を整理すると、別表のようになる。表2のうち、明治四年の神宮関係者二十一人は、全員が同年七月二十三日から二十七日までのあいだに任命されたものであり、おなじく五年の二十七人は、同年三月から八月のあいだに任命されたものである。

したがって、神宮関係者については、この二つの時期に基本的な身分移動がなされたのであるが、そのさい、旧職階にたいし思いきった抜擢・降格がなされた。たとえば、神宮改革の中心人物浦田長民が皇太神宮権禰宜から少宮司に昇進しているのも一例だが、御師から権禰宜になったりしている例もある。他方で、皇太神宮禰宜→豊受太神宮権禰宜、皇太神宮禰宜→皇太神宮主典、皇太神宮権禰宜→皇太神宮権主典、皇太神宮権禰宜→豊受太神宮宮掌など、思いきった降格も多い。また、神宮関係者以外の者のうち、五年に神宮の神官となった五人は、度会郡で戸長をつとめていた人物や津藩の神社掛をつとめていた人物など、近傍の出自であるが、六年一月には、本荘宗秀が大宮司に、芳村正秉《まさもち》が皇太神宮禰宜に任じられている。本荘や芳村は明治神道史上の著名人で、こうした人々が多く神宮神官に登用されたのは、明治六年のことだった。

神宮動座論

ところで、神社祭祀が体系づけられ、その頂点に伊勢神宮がおかれると、祭政一致の理念にしたがった体系的整備の観点からは、天皇みずからが天照大神を奉斎すべきだということになろう。二年三月、明治天皇が歴代天皇中はじめて神宮に参拝したことや、祭典にさいして奉幣使を派遣することなどは、こうした理念になにほどかは、かかわりがあろう。しかし、祭政一致の理念をより厳密に考えれば、神宮を東京へ移して天皇みずから奉斎し、その神前で国事を定めるべきだ、というようなことになろう。これは、神宮動座論と呼ばれるもので、四年十二月の左院建議や翌年正月の神祇官の建議は、そのことを強く主張している。

今ヤ聖上東京ニ臨御シ玉ヒ、専ラ敬神ノ大典ヲ四海ニ表示シ玉フノ時ニ方《あた》リテ、威霊赫々《かくかく》タル天祖手授ノ神器、依然百里外ニ崇祀シ、常典毎ニ西ニ向テ御遙拝アラセラル、豈《あに》今日ノ大闕典《けってん》ナラズヤ。仰ギ願ハクハ前途ノ形勢ヲ御洞察アラセラレ、非常ノ宸断ヲ以テ皇太神・熱田ノ御神体ヲ間近ク御遷座、歳時ノ常典、聖上御親祭、孝敬ノ宸衷《しんちゅう》ヲ尽サセラレ……。（河野省三『宮川随筆』）

引用は、五年正月の神祇官の建議の一部であるが、皇太神宮の神体である鏡と熱田神宮の神体である剣を宮中に移し、三種の神器を天皇みずからが奉斎すべきだとしている。左院建議には、「天照大神ノ神殿ヲ禁域ノ中央ニ造立シ、国家ノ大事ハ神前ニ於テ議定スベキ事」とも記されていた。

右にのべた神官の交替と動座問題のほか、明治四・五年ごろの神宮改革には、祭典が国家の祝祭日にあわせて改められ、その様式も明治祭式と呼ばれるものに統一されてゆくこと、それにともなって旧い祭典のいくつかは廃止されたこと、私的な神楽祈禱を禁じ、外宮の神楽殿と内宮の御祓頒所を撤去したこと、摂末社の神格・社名などを改めたことなど、抜本的といってよい性格があった。

こうした神宮改革の動向が、旧神職、御師、地域の民衆にあたえた不安と動揺は、きわめて大きかったことであろう。神宮動座に反対した佐々木半三郎らの事件は、その表現の一つであった。

神宮動座への抵抗

四年十二月二十日ごろから月末にかけて、町人や百姓の身なりをした者が三々五々山田へやってきて、両宮警護のために朝熊岳《あさま》に屯集する予定だから参加せよと、神宮の神官などを誘った。十二月二十九日の朝、三十名ほどの者が士風に身なりを改め、鉄砲などをもって度会県(→三重県)の県庁へ押しかけ、至急歎願したいことがあるとのべた。県庁には小人数の官員しかいなかったのでゆるやかに応対することにし、佐々木半三郎ら代表者と会うと、佐々木らは、歎願書を提出した。その趣旨は、神宮動座の風説が巷にあるが、それは天皇洋行の計画があり、そのさい神宮もいっしょに行くようにするためであろうとし、神宮動座と天皇洋行に反対し、我々の「正兵」をもって神宮を守るから、県庁も協力してほしい、というものだった。県庁が、この問題は神宮司庁の管轄で県庁では取りあつかえないとのべると、彼らは、神宮司庁へおもむき、おなじ趣旨の歎願をした。県庁では、こうした動きがいっそう拡がりそうな形勢なので、近県から捕亡人数の応援をうけ、大晦日の夜、佐々木ら四人を捕えた。

ところが、正月八日になって岸善助という者が県庁を訪れ、名古屋県(→愛知県)の富田九郎などが山田で陰謀をこらしている。それは、

> 橋本令を人質に取り、其他の官員は不レ残屠殺し、宮川鳥羽其外船手の要路を絶ち、神境に屯集す。従来の陰謀は三開港場を一時に暴動して之を焼き、東京府政府の人を斬害し、於二西京一は、府を焼き大宮御所を擁し、此地神宮に屯集し、天下同志の兵を招き暴発し、王政を改革す。(土屋喬雄・小野道雄編『明治初年農民騒擾録』)

というもので、大楽源太郎を通じて元奇兵隊も引きいれるはずだとか、「尾・三・遠・甲・信の藩々煽動す」というような内容だ、と伝えた。

この訴えにもとづいて、富田九郎ら五人は、名古屋で捕えられ、岸善助も京都で捕えられた。

この事件で逮捕されたのは、はじめ、佐々木ら四人と富田ら五人であったが、その後、一味の者があいついで捕えられ、合計二十九名にのぼった。四年十二月、浦田長民は神宮改革の使命をおびて伊勢へ向ったが、そこには、こうした動きに対処する使命もこめられていたのかもしれない。神宮動座は、神宮改革を推進した浦田自身の主張でもあったが、この事件以後、浦田は神宮動座に反対するようになった(三木正太郎「神宮祠官の活動」)。

以上のようなこの事件の経過のなかで、神宮動座が天皇と神宮神器の洋行に結びつけられているのは、ちょっと考えると奇妙なようだが、しかし、実際には当時の人々の不安にふさわしい幻想だったと思われる。というのは、廃藩置県に前後するころから政府の開明化政策はいちじるしく強められ、ことに、四年十一月の岩倉使節団の洋行のころから、対外交渉上の必要も含めて、あらたな政策体系が整えられようとしていたが、こうした上からの開化政策への不安と疑惑とがこうした幻想のなかに表現されていたからである。この事件の直後にキリシタンへの寛典にかかわって、天皇がキリスト教に「改宗」するとか、岩倉が日本国中に「西教を開ん」としているとかという風聞が新聞紙上に伝えられたのも、明治政府のあたらしい動向への類似の疑惑であった。

2　国家神の地方的展開

つぎに、宮中三殿の成立や伊勢神宮の改革に対応する地域の状況について検討しよう。

神社祭祀の体系化　まず、「官社以下定額及神官職員規則等」を定めた四年五月十四日の布告は、国家が祭祀すべき神々の体系を定めたという意味で、画期的なものだった。それは、官・国幣社を具体的に定め、その下に府藩県社、郷社、産土《うぶすな》社をおいた。そして、同時にだされた布告で、伊勢神宮以下すべての神社の神職の世襲を禁じ、「精選補任」するように命じた。二つの布告によって、全国の神社と神職は国家機関となり、官・国幣社は神祇官の、府藩県社以下は地方庁の管轄のもとにおかれた。出雲・熱田のようなもっとも旧い伝統をもつ神職身分の者が奉祀する神社においても、旧来の神職はいったん解任され、あらためて任用された。

さらに、七月に定められた氏子調《うじこしらべ》規則は、こうした神社祭祀の体系を民衆個々人にまで垂錨しようとする試みで、新生児は必ず産土社に詣って守札をうけ、死亡にさいしては守札を神社にかえすこととなった。氏子調べは、宗旨とはいちおうべつの次元の問題で、仏教信仰は容認されてはいたが、六年毎に戸籍改めのさいに守札が調べられ、移転にさいしては移住した土地の神社の守札が必要だったから、いまや宗門改《しゅうもんあらた》め制にかわって国家の戸口把握と結びついたのは、神社の方であった。

こうして、村毎に一村一社を原則とする村氏神＝村社がおかれ、区毎に郷社をおいてその区の村社は郷社の附属とし、この郷村社が地域の宗教体系の中核をなすことになった。郷村社は、祖霊崇拝から皇祖神崇拝へと連環している壮大な祭祀体系の単位組織のような位置を占めていた。だから、一村一社を原則とする村氏神の成立は、一方でそれ以外の雑多な神仏を排除するとともに、他方で国家がさしだす神々の体系を受容する受け皿でなければならなかった。

遙拝式

四年三月、神武天皇祭を「海内《かいだい》一同遵行」し、地方官では遙拝式をおこなうようにとの布達がなされた。ここで地方官というのは、府藩県庁のことであるが、遙拝式についての神祇官の布達を掲げてみよう。

遙拝式

一、府藩県庁中清浄ノ地ヲ撰ミ、大和ノ方ニ向ヒ、新薦《あらごも》ヲ敷キ、高机一脚ヲ置キ、机上御玉串《たまぐし》ヲ安ズベシ。玉串ハ榊ノ小枝ニ白紙ノ四垂《しで》ヲ付。

拝辞

掛麻久毛畏支《カケマクモカシコキ》　神武《ジンム》天皇《テンワウ》乃《ノ》御《ミ》前乎《マエヲ》遙爾《ハルカニ》拝美《オガミ》奉留《タテマツル》

一、官員礼服着用、順次厳重ニ拝礼スベシ。

一、右畢《おわり》テ御玉串ヲ焼却スベシ。
一、地方ハ郷村氏神神職へ遙拝式申渡シ、氏子ノ者ヲシテ、大和ノ方ニ向ヒ遙拝セシムベシ。(『法令全書』)

この布達は、府藩県庁では布達の通りに実施されたであろうが、村々での実施状況はよくわからない。しかし、村々の氏神に国家的祭祀を受容させることにより、村落生活の内部にまで人心統合の網の目をはりめぐらそうとする国家意思は明らかであろう。

国家的祝祭日

四年十月、元始祭が制定されたが、そのさい、元始祭(正月三日)・皇太神宮遙拝(九月十七日)・神武天皇祭(三月十一日)は海内《かいだい》であまねく遵行するように定めたのは、おなじ趣旨にもとづいた祭祀の体系化だった。同年十二月には大嘗祭《だいじょうさい》がおこなわれたが、その趣旨を告諭して、

此大嘗会ニ於ケルヤ、天下万民謹テ御趣旨ヲ奉戴シ、当日人民休業、各其地方産土神ヲ参拝シ、天祖ノ徳沢ヲ仰ギ、隆盛ノ洪福ヲ祝セズンバアルベカラザル也。(『法令全書』)

としているのも、おなじ意味をもつ事実であろう。五年正月には、四方拝があらたな神道方式でなされ、また元始祭がはじめておこなわれたが、そのあと、五日には東京の士卒族が、ついで六―十一日に一般府民が、神祇官神殿に詣でることを許された。また、六年一月には、人日《じんじつ》、上巳《じょうし》、端午《たんご》、七夕《たなばた》、重陽《ちょうよう》の五節句を廃し、神武天皇即位日と天長節を祝日とすることが定めら

れた。

五節句の廃止と新祝日の制定は、新暦への転換(六年一月)とあいまって、国家的祝祭日をもって民間の習俗と行事の体系をつくり変えようとするものだった。同年十月には、元始祭以下の祝祭日があらためて制定されて、近代日本における祝祭日の体系が完成したが、こうした国家的祝祭日と民間の信仰行事との葛藤は、国民意識の国家への統合をめぐる重要な対抗軸として、明治末年までひきつがれた。

大麻配布

四年七月の神宮改革にさいして、これまで神宮の宗教活動を実質的に支えてきた御師職が廃され、その活動の中心になっていた大麻配布も禁止されたが、御師たちにかわって神宮司庁が大麻を製造し、地方官を通じて全国に配布することになった。そのさい、従来の大麻は罪穢《ざいえ》を祓う祓禳《ふつじょう》神具としての性格がつよかったのにたいし、あたらしい大麻には神璽《しんじ》としての性格があたえられ、名称も「天照皇太神宮大麻」と記されるようになった。この大麻配布が完全に実施されると、全国各戸が皇太神宮の分霊を奉祀することになるのであった。

だが、大麻のこうした強制配布は、地域の伝統的な宗教体系を破壊するものであったから、各地にそれを忌避するトラブルが生まれた。とりわけ、真宗には神祇不拝の伝統があり、江戸時代においても神宮大麻を拒否する傾向が強かったから、大麻の強制配布は重要な問題だった。

この問題に苦慮した東本願寺では、「皇太神宮大麻並守札之事」を出して門末を教諭し、大麻配受は「朝命」であるから背いてはならないとした。神道国教主義をひとまずうけいれ、そのもとで仏教の実質的な地位確保を狙うというのが、この時期の真宗の立場であったから、右の教諭では、真宗の伝統のなかからはもっぱら王法為本の側面だけが思いおこされ、雑多な神仏に現世の禍福などを祈るのは雑行雑修《ぞうぎょうざっしゅ》だが、神国の民が神明を敬するのは雑行雑修にあたらない、「真宗ノ規則ハ已ニ王法ヲ本トス、王法ニ準ジテ大麻守礼ヲ受ルモノハ宗意ニ違スルニ非ズ」とされたのであった（福嶋寛隆編『神社問題と真宗』）。

こうした指令は、大麻配布をめぐる摩擦を回避する上で、重要な意味をもったことであろう。しかし、それにもかかわらず、大麻は、地域の宗教事情を無視して権力的に強制されたのだから、新政権への根ぶかい不満や不安とも結びついて、さまざまの流言や廃棄の動きを生みだした。そのため、地方管庁では大麻配布に苦慮し、地方民を教諭しなければならなかった。

大麻をめぐる葛藤と対立　こうした葛藤と対立を伝える二、三の事例をあげてみよう。

〔茨城県　明治六年六月八日布達〕

皇太神宮御祓《おはらい》、毎戸拝戴祭祀シ奉ル処、近来、御祓内ヨリ火ヲ生ジ災害ノ崇（祟カ）リアラン抔《など》、種々之流言ニ妄迷シ、遂ニ誠敬ヲ取失候者モ有ㇾ之哉ニ相聞、右ハ畢境無頼無識之徒、無根之悪説ヲ唱ヘ、以テ人民ヲ誑惑シ、教化有害之者ニ付、見聞次第厳重遂二捜索一、本人召連可二申出一候。猶各家之大麻可ㇾ及二調査一儀モ有ㇾ之候条、小前《こまえ》末々迄屹度《きっと》心得違無ㇾ之様、

区内無レ洩《もれなく》可ニ相達一候也。（『茨城県史料　近代政治社会編Ⅰ』）

〔山梨県　明治六年四月二十七日布達〕

伊勢神宮玉串ノ儀、天下一般頒布被ニ仰出一、士庶僧侶ノ別ナク拝戴可レ致御主意ニ候処、中ニハ無根ノ説ヲ唱ヘ、右玉串ヲ焼捨或ハ河流ニ投ジ候族モ有レ之哉ノ趣相聞、如何ノ事ニ候。右体《てい》ノ所業有レ之候テハ敬神ノ御主意ニ相悖《もとり》候条、心得違無レ之様区戸長ヨリ厚可ニ申諭一、此旨無レ洩相達ル者也。（『山梨県史』三）

〔静岡県　明治六年六月一日〕

前五月ノ末ヨリ、右大麻、管下ノ安倍川ヲ流ル、コト夥《おびただ》シ。何事ニヤトテ遠近ヲ探偵スルニ、誰言フト無ク、大麻ノ神ノ字ガ蝶ニ化スルコトアリ。然ル時ハ挙家時疫《じえき》（流行病）ニ死絶ルトゾ。所詮蝶ニ化サヌ前ニ焼ケヨ流セヨト、一犬虚ニ吠テ万犬実ヲ伝ヘシカバ……。

（『明治初期静岡県史料』三）

大麻を受けると、それが火を発するとか、祟りをなすなどと、今日の私たちには信じがたい妖言が伝播したところに、大麻の強制配布が人々にもたらした不安や混乱がよくしめされている。また、御祓や神符を焼き捨てたり川へ流すというのは、江戸時代の真宗でもみられたことであった。

明治十一年には地方官は大麻配布に関与しないこととなり、かつその受否は「人民ノ自由」

にあるとされ、それ以後、大麻は神宮教会と各地神道事務局などの仕事となり、さらにのちには、神宮奉斎会の仕事となった。しかし、こうした制度的推移にもかかわらず、大麻配布をめぐるトラブルは、明治十年代にも続いていたらしい。たとえば、明治十四年に、広島県甲奴《こうぬ》・世羅《せら》・三谿《みたに》三郡では、郡長―→戸長役場の線で神宮大麻を拝受させようとしたが、これに真宗門徒が反発して、「無稽の妄説ヲ唱へ、神明を仇視し、之を尊崇するは異端を攻むる者の如くし」、「甚きに至ては大麻を焼却し、及び宅内に在る神棚を江河に投棄」するなどのことがあったと、新聞記事の一つは伝えている(『新聞集成明治編年史』)。

開化政策の一環

ところで、伊勢神宮を頂点とする国家的祭祀の体系を地域の宗教生活の中核にもちこむことは、その対極にいた土俗的な神仏の抑圧と没落とを意味していた。だが、そのさい、土俗的な神仏は、対等の敵手として抑圧されたのではなく、迷信や呪術として抑圧されたのであった。そのため、右の過程には、たとえば産穢《さんえ》忌憚《きたん》の停止、女人結界の廃止、僧侶の蓄髪・妻帯の自由などの啓蒙的改革もあいともなっており、それはさらに、裸体・肌ぬぎ・男女混浴・春画・性具・刺青《いれずみ》の禁止などの風俗改良にもつらなっていた(次章)。こうした改革には、明治政府の啓蒙的専制政治としての性格がよくあらわれているが、こうした改革の先頭には、ある意味では、天皇と皇室自身が立っていた。四年七月、宮内省と内廷が改革され、堂上華族と旧来の女官たちの勢力が斥けられ、侍従に士族を起用するなどの処置がなされたのは、その重要な画期であった。天皇の教育掛にあたる侍読《じどく》も、四年前半ごろにはまだ平田延胤《のぶたね》のような国学者が重用されていたが、八月には西周《あまね》が侍読となり、西、加藤弘之のような啓蒙思想家が重んじられるようになった。

明治四年、宮中では、お黒戸《くろど》の位牌《いはい》の移転など仏教色の払拭と神殿の設立や皇霊の遷祀など祭祀体系の樹立がいっきょに推進されてゆくが(前述)、こうした事実が近代的啓蒙的改革に矛盾するものとは、けっして意識されていなかった。国家的祭祀体系の樹立も、啓蒙的諸改革も、土俗のタブーや迷信にたいしては、ほとんどおなじ位相にたつ変革の意欲にもとづいて推進されていった、といえよう。

ニューモードの天皇像

こうした宮中改革がすすめられるなかで、天皇自身が、江戸時代の天皇とはまったく異なった活動的な君主へと生まれかわりつつあった。たとえば、天皇が早くから好んだものに乗馬があったが、四年末から、天皇も皇后も牛乳をのみ、獣肉をたべるようになり、ついで西洋料理の晩餐会を楽しむようになった。五年四月、横浜から外国人裁縫師を召して洋服をつくるために天皇のからだをはからせ、天皇は洋服を着て椅子にかけた生活をするようになった。宮中には靴をはいてはいることになり、侍従なども椅子にかけ、廊下には絨毯がしかれた。五年五月、天皇は大阪および中国・九州地方の巡幸に出発したが、そのさい、天皇は燕尾形ホック掛の正服を着、騎馬で進んだ。供奉《ぐぶ》の官員も燕尾服に洋刀を帯していた。これは、ニューモードの天皇が民衆の前に姿をあらわした最初の機会で、天皇や官員の服制の基本はここに定められた。

ところが、この巡幸でニューモードの天皇を迎えた民衆の方は、伝統的な人神観念を抜けだしておらず、「路傍に坐して拍手拝礼」したり、「翠簾《すいれん》・注連《しめなわ》を餝《かざ》り鏡餅を供」えて奉迎したりし、鹿児島では、天皇出発のあと、行在所の拝観を許すと、「天明を俟《ま》たずして群民参集し、神代三陵御遙拝に供せし薦《こも》、御涼槽装飾の杉の葉等を拝戴して、之れを災異祓禳の神符」としてもちかえった（『明治天皇紀』）。当時、人神と崇められたのは天皇だけでなく、こうした送迎ぶりや呪物崇拝は、本願寺の門主や出雲大社の国造《こくぞう》にもあてはまることだった。たとえば、千家尊福の巡教が「国造様の御来臨」を迎える群集にかこまれ、彼の使用した新薦《あらごも》や風呂の湯が先を争ってもちかえられたのは、天皇巡幸を迎えた西国の民衆とおなじ心意にもとづく行為であった。

こうした人神崇拝の心意は、近代的な天皇崇拝の基盤になるものではあったが、しかし、威厳にみちた果断な政治的君主の像からはあまりに遠い。啓蒙的改革に大胆にすすむ雄々しい君主像と、民衆の伝統的人神信仰とのあいだにある亀裂は、この時期に急速に展開していた近代化の諸政策と民衆の生活や意識の全体構造との亀裂に、ちょうど照応していた。政府の開化政策に憤っていた島津久光が、第一に槍玉にあげたのが服制の問題であったのは、今日の私たちからは些事への奇妙な偏執に見えやすいが、対抗軸の象徴的表現としては、むしろもっとも当をえたことだったろう。

御岳講行者の直訴

五年二月十八日の朝四時ごろ、白衣に長杖をたずさえ、念珠《ねんじゅ》を襷《たすき》とした十人の者が、皇居大手門にあらわれ、太政官に直訴したい旨があるとして無理に押し通ろうとした。警護の兵が押しとどめると、かえって彼らは抜刀し、門をこわして入ろうとしたので、四人が撃ち殺され、残りは捕えられた。彼らは、神懸《かみがか》りした御岳講の行者たちで、みずからは神の加護で弾もあたらない、刀もとどかないと信ずる人たちだった。

彼らの目的は、大原重実によれば、つぎのようなものであった。

其主意は、近来日本に於而《おいて》、肉食流行、土地相穢《あいけが》れ、諸神之居所無レ之間、暫時自分之舟中江《へ》天降り賜ふ抔《など》と申唱、夫より同志申合せ、直訴之事に決し、神領如レ旧、且、神仏混淆、諸侯領地復旧、夷人追討之事直訴之上、御採用無レ之時は、恐多くも玉体へ迫り可レ申抔《など》と申合候趣……。（『岩倉具視関係文書』五）

社寺領上知《じょうち》、神仏分離、廃藩置県、外国交際など、体制的な転換をめざす新政府の基本政策をことごとく否認し、「玉体へ迫」ってもその撤回を実現しようとしたところに、この事件の特色があった。

この事件は、明治政権確立期の新政策にたいする不安と不満が、宗教的形態の抗議となってあらわれた珍しい事例である。新政府への批判が、開化政策への反対＝復古的要求となるのは、新政反対一揆や士族反乱と共通する事実であるが、ここでは神懸りした御岳講の行者たちの神託を信ずる直接行動となったのである。

世界泥海の流言

新政府の諸政策への不満が、宗教形態をとって人々の耳目を驚かすほどの事件となることは少なかったが、しかし、漠然とした不安やうまく表現されてゆかない動揺・恐れの意識は、この時代には、むしろ一般的なものであったろう。天変がおこり、世界が泥海になるというつぎのような流言は、こうした雰囲気のなかで生まれたのであろう。この流言で人々を惑わしているのは、「筮者《ぜいしゃ》・浮屠者《ふとしゃ》流、或ハ山伏・富士・御岳講ナド」だろうというのも、あらたな啓蒙と祭祀の体系がなにに対抗していたかを適確に表現しているといえよう。

方今、市街ノ風説ニ、今年（明治五年）七月二十五日ニ至レバ天地一変シテ世界泥海トナル由、専ラ流言セリ。コノ事、誰レ云ヒ出セルトナク喋々伝唱シテ止マズ。素《もと》ヨリ無根ノ妄説採ルニ足ラズト雖、蒙昧無知ノ愚民ラハ大ニ恐怖スル有様ニテ、斯ル大変革ノ時節ナレバ、天地ノ変モ然アラント信用シテ、ヒソカニコノ災害ヲ脱セントテ、神仏ニ歩ヲ運ビ、或ハ卜筮観相《ぼくぜいかんそう》ニ就テ災ノ有無ヲ問フモノアリト。噫《ああ》、物理ヲ解セザル笑止千万ナル至愚ノ癡人《ちじん》、笑フベキモノナレドモ、コレラ煽動スル原由ヲ尋ルニ、恐クハ筮者・浮屠者流、或ハ山伏・富士・御岳講ナド云フ類、方今、文明ノ治ニ臨ミ、己ノガ宗法ノ行レズシテ活計ノ立ザルヲ憂ヘ、斯ル妄誕虚無ノ邪説ヲ唱ヘ、人心ヲ惑乱シ、其隙ニ乗ジ貪術ヲ要スルナラン。(『新聞集成明治編年史』)

おなじころ、巷に「チイ〳〵がタイ〳〵」とくり返す俗謡がはやり、禁止された。「チイ〳〵がタイ〳〵」とは、知事がたびたび変わるという意味で、チイとはまた虱《しらみ》のこと。国家に虱がたかっているという妖言の類とみなされて、禁止されたのである。

あらたな宗教体系の強制

こうした流言・妖言の類は、なんの根拠もない荒唐無稽のものだとか、たわいもないものだとかいうこともできる。皇居大手門から押しいろうとした御岳講行者にしても、まったくの狂信の徒だともいえる。しかし、国家が文明や合理性や威力あるものを代表して民衆の生活に迫るなら、その対極には、奇妙に迷信じみた不安が醸成されるほかないだろう。それが非合理でとりとめもないように見えるとしたら、そのことがじつは、国家と民衆生活との対抗の内実を逆に照し返しているのだ。

廃藩置県によって集権国家樹立の基礎を固めた明治政府は、四年以降、近代的国家体制樹立のためのさまざまの政策を推進した。伊勢神宮と皇居の神殿を頂点とするあらたな祭祀体系は、一見すれば祭政一致という古代的風貌をもっているが、そのじつ、あらたに樹立されるべき近代的国家体制の担い手を求めて、国民の内面性を国家がからめとり、国家が設定する規範と秩序にむけて人々の内発性を調達しようとする壮大な企図の一部だった。そして、それは、復古という幻想を伴っていたとはいえ、民衆の精神生活の実態からみれば、なんらの復古でも伝統的なものでもなく、民衆の精神生活への尊大な無理解のうえに強行された、あらたな宗教体系の強制であった。

V　宗教生活の改編

1　〝分割〟の強制

この章では、廃藩置県をさかいとして態勢をととのえた天皇制国家が、どのような〝分割〟線を現実の宗教生活のなかへもちこんでいったかを、若干の事例に即して検討しよう。

修験への影響　修験《しゅげん》は、神仏分離政策の影響をもっともつよくうけたものの一つである。江戸時代には、各地の修験は本山派と当山派にわかれ、それぞれ京都聖護院《しょうごいん》と醍醐三宝院に属しており、各地の修験組織も僧侶出身のものに支配されていることが多かったから、そのかぎりでは仏教色がつよかったともいえる。しかし、その宗教としての実態は、修験たちの山中修行を中核に、神道とも仏教とも区別しがたい独自の行法や呪術などからなりたっていた。こうした性格の修験に神仏分離が強行されると、しばしば信仰の内実そのものが失われ、各地の修験は、還俗《げんぞく》して農民となったり神官となったりした。

佐渡のばあいは、奥平謙甫の廃仏政策の一環として、本山派六十八か院のうち三か院が還俗神勤したほかは、ことごとく帰農を命ぜられた。彼らは生活の基盤を奪われ、ある者は「渇命之場」におよび、ある者は「上気狂乱」するほどであった。佐渡のばあいほどでなくても、明治四・五年ころまでのあいだに、各地で廃滅した修験はきわめて多かったと考えられる。そして、地域で神社の地位が高まり、独立の神職を必要としたとき、還俗した修験は、その有力な供給源となった。

しかし、吉野や羽黒山のような修験の中心地では、事態ははるかに錯雑した推移をたどった。そこには、修験や僧侶たちの長年つちかわれてきた組織があり、その背景には、広汎な地域の民衆の信仰があったからである。

吉野山の神仏分離

江戸時代の吉野は、蔵王権現《ざおうごんげん》を祀る蔵王堂を中心に多くの寺社をふくみ、全体が金《きん》峰《ぷ》山《せん》寺とよばれていた。一山を支配するのは学頭であるが、その下に寺僧・満堂・禰宜《ねぎ》があり、寺僧や満堂に属する諸院は、各地で講を組織し、参詣者の宿坊を兼ねていた。百姓身分の者二九〇軒のうち、六十五%は寺院関係の仕事か参詣者目当ての職業に従事しており、吉野は山上にひらけた門前町であった。

このような吉野に神仏分離令が適用されたのは、慶応四年六月のことで、それは、蔵王権現を神号に改め、僧侶は復飾神勤せよとするものだった。圧倒的に仏教色のつよかった吉野一山に、実態を無視した強引な命令がだされたのは、「抑《そもそも》蔵王権現胡仏ニ相成候テハ、所々ニ同名ノ社モ有レ之事故、不都合ニ可二相成一候間、仏体ニ候ハヾ取除キ、神社ニ立置候様致度候」(『神仏分離史料』続下)という神祇官の意見によるのであろう。これにたいし、一山側は、蔵王権現は金剛蔵王大菩薩の略語で、それは汚濁の末世に釈迦が降魔のために忿怒相で出現(権現＝かりに現われた)したということだと説明し、僧形《そうぎよう》のまま勤王に励みたいと請願した。

ところで、吉野一山には金精明神《こんせいみようじん》などの神社があり、それらは禰宜の管理下にあった。その一つ水分《みくまり》神社の神職に前坊修理亮という者があり、その子を伊織といったが、前坊父子は、吉野山は、元来、金峰・水分・山口三社の神地であるから、神職を代表する二人に吉野の社寺のすべてをわたしてほしいと訴え出た。禰宜身分の者が僧侶の支配に反撥する動きは、吉野でも幕末期にみられ、安政末年に六人の禰宜が吉田家に願いでて社家となり、烏帽子《えぼし》狩衣《かりぎぬ》を着用するという事件があった。前坊父子の歎願は、こうした動向をひきつぐもので、二人は神仏分離令という絶好のチャンスをとらえ、いっきょに一山を手中にしようとしたのである。

だが、寺院側がのべたように、それは、「一山一円横領之趣向」であり、それゆえに、権力だけを頼みにした孤立した動きだった。町方百姓も前坊父子の動きに憤慨し、明治二年九月の祭礼のさいに、神輿が前坊の居宅を破損するという事件がおこった。この事件にさいし、前坊は居宅が微塵《みじん》に打ちこわされたと訴え、町方からは前坊父子の神職を召し上げるように歎願した。そして、三年三月から四月にかけて、前坊父子とそれに加担した吉田屋多蔵父子が処分され、町方惣代も祭礼のさいの町方不取締を理由に処罰をうけた。

こうして、吉野においても、神仏分離を機会に勢力を拡大しようとする神職身分のものがいたのだが、明治元―三年の段階では彼らの策動は成功せず、かえって勢力を失った。ところが、四年から六年にかけて、吉野の神仏分離を徹底し、一山を金峰神社とせよとする指令がくり返されるようになった。そのさい、吉野の実状を知っている地方官(五条県→奈良県)は、一山の神道化に無理があることを訴えたが、神祇官→教部省の方針は変らなかった。前述のように、蔵王権現が仏教に属することを認めれば、その影響は吉野にとどまらなかったからである。

金峰神社　明治七年、奈良県社寺方が実地検分をおこない、吉野一山は金峰山寺の地主神《じぬしのかみ》金精明神を金峰神社と改めて本社とし、山下の蔵王堂をその口宮、山上蔵王堂を奥宮とすることに定められた。仏像仏具は除去されたが、山下蔵王堂の三体の巨大な蔵王権現像は、動かすことができないのでその前に幕をはり、金峰神社の霊代《たましろ》として、鏡をかけ幣束《へいそく》をたてた。山上蔵王堂でも、仏像仏具は二町ほど離れた行者堂に移したが、蔵王権現が出現したとされる竜穴はそのままとし、やはり鏡と御幣《ごへい》をおいて神式をよそおった。僧侶身分のものは、葬式寺をつとめる一部寺院をのぞき、還俗神勤することになった。

ところが、山中の宿坊をたよって登拝していた講中《こうじゅう》は、蔵王権現の信奉者であって金精明神の信奉者ではなかったから、参詣者は、鏡や幣束を無視して、口宮では蔵王像に、山上では行者堂に参詣した。そして、こうした民衆の不満を背景として、十三年から神道化された寺院の復帰が認められ、十九年には二つの蔵王堂も仏教に復した。

今日でも吉野を訪れた人は、偉容を誇る蔵王堂に信仰の中心があったことを、見誤ることはない。吉野の町全体が、蔵王堂を中心に、多くの社寺と参詣人相手の諸商売からなりたっている。寺院の多くは登拝者の宿坊をかねたもので、登拝を記念する碑などが所せましと建立されている。これにたいして、金峰神社は町並を四キロも離れた登山口に孤立しており、その規模は、蔵王堂とは比べものにならず、金峰神社(金精明神)が本社で、蔵王堂がその口宮だというのは、ほとんどグロテスクなほどの強弁であることは、今日訪れる私たちにも自明といってよい。吉水神社のような由緒あるところを訪れても、そこが神社らしいのは鳥居ぐらいのもので、結構の全体が寺院の様式であることを見まがうことはない。

このような性格をもつ吉野一山で、神仏分離に名をかりた一山の神道化が、明治七年という段階で強行されたのは、留意すべきことである。もしこの神道化が成功すれば、修験とそのもとにある各地の講中が、神道国教主義のにない手となるはずだった。しかし、全体としてみれば、それが、寝台にあわせて足を切るような乱暴な処置であったことはいうまでもなかろう。

出羽三山

つぎに、吉野とならぶ修験の中心地出羽三山のばあいをとりあげてみよう。分離令にさきだって、三山には別当・社僧・修験・社人などがいた。一山を統轄するのは別当で、羽黒山別当は月山《がっさん》別当をかねて東叡山に属し、湯殿山別当は真言宗に属していた。羽黒山のばあい、別当のもとに社僧十八坊があり、麓の手向《とうげ》村に三六〇戸の修験がいた。社人は独自の勢力ではなく、行事・祈禱の大部分は仏教的様式のものだった。羽黒山には社領千五百石が与えられていたが、それにもまして、東日本一帯に広大な霞場《かすみば》をもつ修験の活動が一山をささえていた。

出羽三山に神仏分離令が伝えられたのは、明治二年五月である。東北地方では、戊辰戦争の影響をうけて、分離令の布達は遅れていたのである。分離令をうけて、三山の僧侶のうちには、復飾神勤して時局に乗じようとする者もあったが、旧来の信仰を守ろうとする勢力が圧倒的に有力だった。そして、はじめは東叡山などを通じて仏教にとどまることが認められるように請願するが、三年末には、一部の寺院に仏像・仏具などをあつめ、大部分の僧侶は復飾神勤することとなり、羽黒山は出羽神社と改められた。しかし、この神道式への改変は、地方官などにたいして表面をつくろうという性格が強く、神饌《しんせん》の魚は木でつくったものを用いるとか、社頭では神道式に奉斎した神官も、帰宅すると僧服に着がえて読経するというような状態であった。

還俗した僧たちが右のような実際上のサボタージュをきめこんだのは、彼らに、分離令だけではなく、新政府の前途そのものを危ぶむ気持があったからである。彼らのなかには、建武の中興の例もあるから、徳川家《とくせんけ》はやがて政権を回復するだろう、それまで形だけ分離したようにみせかけておこうという者がいたという（戸川安章『出羽三山修験道の研究』）。

出羽三山では、それぞれ羽黒大権現、月山大権現、湯殿山大権現が主要な信仰対象とされていた。神祇官が出羽三山を神道に属するとしたのは、それが権現号をもっていたからで、その説明は、つぎのように本地垂迹説《ほんちすいじゃくせつ》を逆用した強引なものであった。

> 湯殿山、月山、羽黒山等、社号・祭神等、当官ニテ取調行届候訳ニハ無レ之候ヘ共、惣而《そうじて》権現号ハ、本地《ほんち》仏《ぶつ》ヲ立、神ハ仏ノ権《か》リニ神ト現ジ、衆生《しゅじょう》ヲ利益《りやく》スト云フ僧徒ノ習合ノ説ヨリ事起リ候事故、権現号有レ之分ハ神ト相定至当ノ儀ニ付、則、社ト致シ候事ニ付、祭神等御入用之筋候ハヾ、管轄所ヘ申達取調可レ申候也。（戸川、同右書）

引用が率直にのべているように、神祇官も実態を調査して権現が神だとしたのではなかった。末尾にいうように、神体そのものが神道にふさわしいものではないことも予想されていた。しかし、事実はどうであれ、権現号をもつものは神道に属せしめなければならない。それは、吉野でも、出羽三山その他でも一貫している神祇官の方針である。

こうした強引な論理を押しとおさねばならなかった理由は、一つには、権現号をもつものがきわめて多く、それを仏教に属せしめたのでは、神道勢力が大きく削減されてしまうからであろう。しかし、いま一つの理由は、権現号をもつものが多い山岳信仰を、神道側に引きよせてゆくことは、民族信仰を標榜する立場からしても、不可避の課題だったからではなかろうか。

ところで、五年九月に修験宗が廃止され、修験は所属寺院に従って天台宗か真言宗に属することになった。羽黒山麓の修験は、これにともなって天台宗に帰属したが、庄内地方をよりひろくみれば、その前後に神職に転じたものや帰農したりした者も多かった。たとえば、温海《あつみ》岳《だけ》のような小規模な修験では、三年の還俗神勤をさかいに、結局のところは修験が廃滅してしまったという（嶽本海承「神仏分離の展開とその影響」）。しかし、修験の中心地である出羽三山では、修験宗廃止が布告されたあとでも、修験たちの宗教活動はその伝統をほぼ維持していた。

出羽三山で神仏分離が徹底され、廃仏毀釈が推進されたのは、六年九月、西川須賀雄が宮司として着任してからのことだった。西川は、教部省出仕大講義で佐賀藩の出身、神祇官―→大教院において神道国教主義的理念をかかげる最急進グループの一人だった。この年、このグループには、平山省斎《せいさい》―→氷川《ひかわ》神社大宮司、深見速雄―→讃岐《さぬき》琴平《ことひら》神社宮司、落合直亮《なおあき》―→塩竈《しおがま》神社宮司、宍野《ししの》半《なかば》―→甲斐浅間神社宮司など、広汎な人々に信奉されている神社へのりこんでいった者が多かった。彼らは、それぞれの神社の旧来の参詣講などを再編成して、神道国教主義の受容基盤をつくりだすとともに、それらの講社などの「金力」を利用しようとした。西川のばあいもその典型で、出羽三山の神道化を徹底するとともに、羽黒修験を再組織して、神道国教主義の布教組織に転じようとしたのである。着任にさきだって、西川は、仙台でハリストス正教会のニコライの布教阻止のために活動しており、使命感にもえて羽黒山へ赴いたのであろう。

西川は、還俗神勤していた旧僧侶の多くを解任したり、還俗の証《あかし》に無理に魚鳥を喰べさせたりした。また、月山への登山道にあった夥《おびただ》しい石仏を、人足に命じて谷へ突き落させた。しかし、彼がもっとも力を注いだのは、天台・真言両宗に属していた修験たちの神道化であった。西川が着任する以前には、三山の神仏分離はおこなわれていたとはいっても、羽黒山頂には開山堂があり、山内には仏像をまつる末社や道者小屋が数多く、これらは修験の活動のよりどころとなっていた。そこで西川は、山頂の開山堂を蜂子神社に改め、神仏分離を徹底して道者小屋などをとりあげた。こうした処置に動揺した修験たちは、社務所におしかけて西川に抗議したりした。しかし西川は、蜂子神社の附属講社として赤心報国会《せきしんほうこくかい》を設立し、みずからその教長となって、そのもとへ修験を再編しようとした。そのため、赤心報国会に加わったものとそうでないものとのあいだに修験が二分されることとなり、両派が行場《ぎょうば》などで争うような状態が後年まで続いた。

三山敬愛教会

赤心報国会は、のちに三山敬愛教会となり、神道本局の所属教会となった。また、西川は、九年には安房大神宮宮司となって去り、その後任には星川清晃・物集高見《もずめたかみ》などが任じられたが、彼らはいずれも国学系の神道家で、国家権力を背景に神道家がのりこんできて、三山とそれをささえる修験たちの宗教活動を神道化しようとする大勢は変らなかった。

しかし、それが、三山の信仰の実態となんのかかわりもないべつの信仰を、外からもちこむものであったことはいうまでもない。赤心報国会――→三山敬愛教会が、三条の教則を守り皇恩を拝謝することを第一の目的にかかげ、神式の拝式などを定めても、それらは、修験にとっても地域の民衆にとっても、まったく親しみがたいものだった。そのため、羽黒修験の多くは、神道化を拒否しようとする傾向をもっていたが、とりわけ、その中心である羽黒山麓の手向《とうげ》村では「手向村慣例保続規約」をつくり、霞場等についての旧慣を保持し、それに違反した者には村八分の制裁をおこなうことをきめた(戸川、同右書)。手向村の修験約三六〇戸のうち、神葬祭に転じたものは六〇戸ほどであり、登拝の信徒も旧来の仏教的な唱言を唱えるものが多く、あらたに定められた神道式の唱言を唱えるものはいまでも少ないという。

もちろん、それだからといって、出羽三山の神仏分離と神道化が、小さい意義しかもたなかったということではない。今日訪れる私たちにとって、羽黒山は完全に神社だし、月山山頂も、修験道に由来するたたずまいを残しているとはいえ、基本的には神社の様式と見える。修験の行法などには、神仏分離以前にさかのぼる伝統が維持されているとしても、宗教体系の全体としての転換はあきらかだとしなければならない。一片の布告や西川たち少数の神職の活動によって、あの強大な羽黒修験でさえ、さまざまの葛藤をともないながらではあるが、国家の設定した宗教体系のなかにともかくも包摂されていったことの方に驚くべきであろう。

富士講　富士講のばあい、信仰対象は富士山そのもので、それは、仙元《せんげん》大菩薩とか備僊（モトノチチハハ）と呼ばれていた。仙元大菩薩は、また大日如来《だいにちにょらい》と結びつけられ、山頂には大日如来が祀られていた。山中の地名は、文殊岳、釈迦の割石、薬師岳、阿弥陀窪、観音岳など、仏教的名称のものが多く、登拝者たちは、「南無阿弥陀仏」または「六根清浄《ろっこんしょうじょう》」の唱言をくり返しながら登拝した。

こうした独自の信仰様式をもっていた富士信仰にも神仏分離の原則が適用されたのは、やはり明治五年から七・八年にかけての時期のことで、山麓の浅間神社の祭式が式部寮で定めた様式によることとなり、元始祭、孝明天皇祭、紀元節などの国家的祭日が年中行事のなかで大きな比重を占めるようになったのは、五年末から六年にかけてであった。七年から八年にかけて、山頂の大日如来をはじめ、山中の仏像がのぞかれ、山頂には浅間大神が奉斎されて、神道式の祭典がおこなわれるようになった。山中の地名も、文殊岳─→三島岳、釈迦の割石─→割石、薬師岳─→久須志岳、釈迦岳─→志良岳、大日堂─→浅間堂などと改められた。

富士信仰のこうした改革を推進した中心人物は、宍野半であったろう。宍野は、薩摩藩の郷士の出身で、平田鉄胤《かねたね》門の神道家だったが、六年三月、教部省出仕を辞して浅間神社宮司となり、ついで富士一山《いちざん》講社を組織した。これは、教部省出仕の急進的神道家が、地方の大社の祠官となって講社を組織してゆく動きの一端で、宍野は、御師《おし》と富士講の巨大な組織を、復古神道的な教説を信奉する新組織へ編成替えしようとしたのであった。

扶桑教会

宍野の富士一山講社は、当時、新宗教としての基盤を固めつつあった丸山講（→丸山教）と結びついて、八年には扶桑《ふそう》教会となり、東京芝区神明町の宏大な教庁には八十尺の模造富士がつくられて、東京名所の一つに数えられるほどであった。富士講のこの再編は、近世後期以降しばしば幕府の弾圧をうけてきた富士講の権力による公認という意味をもっていたから、宍野は一面では伝統的な富士講の御師や先達《せんだつ》などから歓迎され、宗教活動は活発化していった。しかし、扶桑教会（→扶桑教）の教義では、これまでの富士講の中心神格である徧偎（モトノチチハハ）は天祖の神天御中主神《あめのみなかぬしのかみ》のことだとされ、これに高皇産霊神《たかみむすびのかみ》・神皇産霊神《かんみむすびのかみ》を加えて、このいわゆる造化三神が主神と定められた。そして、富士山と主神とはべつのものとされ、登拝の意義は、富士信仰の始祖である角行《かくぎょう》などの修行した霊場をしのぶことに求められた。

もちろん、こうした転換は、多くの御師・先達にとってはタテマエ的なものにすぎず、彼らからすれば、宗教活動の公許をうるために宍野の地位や発言力を利用しようとしたのだともいえよう。しかし、造化三神の信仰に三条の教則と復古神道的祭式を加え、それに日常的生活規範を配すれば、富士信仰の固有性はほとんど失われて、他の神道諸派とも区別しがたい神道教派の一つになってしまうだろう。扶桑教は、そうした方向へ進むことで神道教派の一つとして独立していったが、そのために旧来の富士信仰との軋轢《あつれき》が強まり、伝統的な富士講の多くは、やがて扶桑教を離れていった。また、初期の扶桑教会の活動を支えるうえでもっとも重要だった丸山講の離脱も、扶桑教に大きな打撃をあたえた。

竹生島　琵琶湖の湖上に浮ぶ竹生島《ちくぶしま》には、弁財天が祀られ、妙覚院以下の僧侶身分の者が奉仕していた。明治二年、大津県庁は妙覚院を呼び出し、延喜式には竹生島に都久夫須麻《つくぶすま》神社があることが記されているのに、同社についてなんの届けも出されていないのは不都合だとのべた。妙覚院は、古書を引用して、竹生島には、弁財天・島守大明神・小島権現の三社があるだけだから、もし都久夫須麻神社という神社があるとすれば、島守大明神と小島権現とのうちいずれかがそれにあたるのであろうと答えた。それからしばらくして、四年二月に妙覚院はふたたび呼び出され、弁財天をもって都久夫須麻神社と改称せよという命令をうけた。妙覚院は、仏像である弁財天女を都久夫須麻神社と改称するのは「却而《かえつて》混淆」であり、神仏分離の趣旨にそぐわないという論理で反論した。しかし、県庁の方針は、こんどは強硬で、結局は改称が強要された。その結果、弁財天女像は観音堂に移され、宝厳寺という寺の宝物から「二個の品」がとりだされて神体とされ、あたらしい神社が生まれた。この改革が実態を無視したものであることは、県の掛官にもよくわかっていた。その強要ぶりを再現してみよう。

曰、今般、竹生島弁財天を、都久夫須麻神社として崇敬なされ度《たき》思召にて、御達《おたつし》になりたる者なり。夫れを彼是《かれこれ》と申せバ朝敵同様なり。明治初年四月、阪本山王の馬場にて山王社の仏体仏具等を焼捨てたることもあれバ、万一左様の事に相成らんにも限らず、爰《ここ》を能々《よくよく》熟考す可し。仮令白きものを黒きと被二仰出一候共、朝廷よりの仰《おおせ》を背くことは出来ず。其方等、左程迄に仏法を信ずるなれば、元来仏法は天竺より来りし法なれば、天竺国へ帰化す可し。今県庁より達する通り御受けせざれバ、如何の御処置に相成候哉も計りがたし。自然焼払抔《など》になれば、如何に致すや。(『神仏分離史料』中)

秋葉山

遠江国秋葉山は、火防ぎで知られ、各地に秋葉講があって、庶民の信仰をあつめていた。秋葉山の本尊は、聖観音であったが、信仰の中心は、火防ぎの三尺坊にあった。しかし、神仏分離の布告のあと、秋葉山では寺院であることを主張し、復飾を免れようとした。明治二年、修験十七か院のうち六か院は、秋葉山を神社だとし、復飾神勤を願い出た。秋葉山には、僧侶・修験・禰宜の三身分があったが、時勢に便乗した修験の一部が、一山を手中にしようとしたのである。だが、神祇官と結んだこの策動は、二年段階ではうまく行かず、六か院は山を下り、「脱走法師」と称せられた。

ところが、五年三月、教部省は秋葉山を秋葉神社と改称することに定め、神仏分離を命じて、遠江国の国学者小国重友をその祠官に任命した。ついで小国は、さきに山を去って還俗した旧修験とともに山にのぼり、僧侶たちに一山の引きわたしを求め、双方は山上ではげしく争った。そのため、旧修験と僧侶の双方が入牢させられ、僧侶は退去して、一山は小国らの支配に帰した。一山の仏像仏具は本寺の可睡斎《かすいさい》に移され、寺は廃寺に処せられたが、その理由は、僧侶を退去させたあとは「無檀無住ニ付、廃寺申付」という乱暴なものであった。火防ぎの三尺坊も仏像とともに可睡斎に送られたので、参詣者は激減し、のちに可睡斎では三尺坊の堂舎を建立し、おおいに繁昌した。

こうして、秋葉神社の創立は、教部省と地方庁の権力をよりどころとした一山横奪にほかならなかったから、山上は不穏な状況となり、盗難などがあいついだ。六年十一月、大祭の前日に社殿が炎上したのも、放火によるものであろう。十三年には秋葉寺が再興されて、寺院と神社が併立することとなったが、両者の対立と反目はその後も長く絶えなかった。

神道化の強要

右に挙例した蔵王権現、仙元大菩薩、弁財天、秋葉山三尺坊などは、当時の民衆にとって、神仏のいずれかに区別して信奉されていたのではなかった。仏典などでどのように由緒づけられるにしろ、蔵王権現は蔵王権現として、仙元大菩薩は仙元大菩薩として信仰されていたのであろう。このことは、稲荷《いなり》信仰、相模大山の石尊《せきそん》権現信仰、愛宕《あたご》権現信仰などでも同様であろう。ところが、神道国教主義的な政策のもとでは、こうした習合的な神格は、神道の方に組みこまれなければならなかった。そうでなければ、由緒正しい有名大社はともかく、民衆の祭祀対象の大部分はこうした習合的性格（それも、基本的には仏教により近い）のものであるために、神道国教主義の基盤が崩れてしまうのである。こうした事情に加えて、右にあげた事例は、いずれも広汎な参詣者をもつものだったから、それらを神道に組みいれることの経済的な意義も大きかった。

この神道化の強要は、厳密にいえば、神仏分離でも廃仏毀釈でもないだろう。というのは、神仏分離や廃仏毀釈には、神仏の混淆状態が前提せられているのに、こうした神道化の強要にさいしては、外からまったく別の神格がもちこまれて、旧来の信仰が否定されてしまったのだから。それは一山横領というほかないものであったが、こうした動向は、明治四、五年以降、明治政府が極端な排仏政策を改め、一般的な政策基調も開明的方向に転じた時期に、かえって顕著になってくるのである。

だが、神祇官や教部省などの国体神学に合致しないのは、蔵王権現や仙元大菩薩などの信仰だけではなかった。神社信仰の系統のものさえ、その内実をたずねるなら、国体神学に一致しないことが多かったといえよう。その一例を東京の神田神社に求めてみよう。

神田明神

神田神社は、江戸時代には神田明神といい、江戸の町人のひろい信仰をあつめ、その祭礼は江戸の名物の一つであった。神田明神の祭神は、大己貴命《おおなむちのみこと》と平将門《たいらのまさかど》であったが、庶民の信仰は後者にあり、神田明神は、もともと将門の御霊《ごりょう》信仰として発展してきたものであった。

ところで、明治七年八月、陸軍の演習を指揮した天皇が、その帰途に神田神社にたちよることとなったが、それにさきだって、教部省では神田神社に祭神を改めるように指令した。国体神学の立場からすれば、神社に祭祀されるのは皇統につらなる人々か国家の功臣のはずであり、逆臣将門を祀る神社など、容認しうるはずのものではなかったし、ましてそうした神社に天皇が参拝してよいはずのものではなかったからである。また、これにさきだち、世襲の神主芝崎氏にかえて、本居宣長の曾孫にあたる本居豊穎《とよかい》が神田神社祠官に任ぜられたことは、こうした指令を実現するための前提条件となった。

この世に遺執を残して死んだ人の霊を恐れる御霊の観念は、水戸学や後期国学にもひろくみられ、むしろそれが明治初年の神社創設をささえる論理でもあったのだが、しかし、その御霊が逆臣将門ではなんとも始末がわるいわけである。そこで、「鬱結シテ妖祟ヲ成ス」霊魂も時間が経てば散ずるものだ、将門のばあいは「九百年前ノ朽骨、其霊魂既ニ散ズ」として、人々にその「異霊ヲ恐レ」ないように説いて、将門を境内の一末社に祀りかえ、そのかわりに常陸国大洗磯前《おおあらいいそざき》神社から少彦名命《すくなひこなのみこと》の分霊を迎え、大己貴命と同殿に祀った。しかし、町民の信仰は将門の御霊の方にあったから、将門が末社に遷されると、町民たちは例祭に参加しないようになり、祭神をとりかえた神官たちを「朝廷に諂諛《てんゆ》して神徳に負《そむ》きし……人非人」だとそしり、賽銭を投ずる者もいなくなった。これにたいし、あらたに造立された将門の小祠には、参詣者があいついだ(『新聞集成明治編年史』)。

神田神社のような大社でさえ、祭神そのものがとりかえられるというほどの大きな変化があり、そこに民衆の伝統的な信仰とのあいだの葛藤が生まれたのである。そのさいに、あらたに支配者をむかえた江戸の町人たちの反発心なども作用していたかもしれないが、その対抗軸の基本が、地域の信仰の実態と国体神学的な祭祀体系とのあいだにあったことは、いうまでもなかろう。そして、全国的に見れば、国体神学とかかわりのない神社は圧倒的に多く、村落レベルではこの傾向はいっそう強かったから、国体神学の理念にもとづく祭祀の体系が樹立されるためには、地域の神社信仰の抜本的な転換が不可避だったのである。次節では、この点を具体的にとらえてみよう。

2　民俗信仰の抑圧

神社改め　新潟県社祠方に小池厳藻という者がいた。彼は、明治三年三月晦日《みそか》から六月六日まで、蒲原《かんばら》五郡と岩船郡の各村を巡回し、神社改めをおこなったが、それは、村々の神祠を実際に検分して神仏を分離させ、不都合な神体・飾り物などを取りのぞかせ、神名を定めたりするものであった。彼は、多い日には十社以上も検分し、その結果を『神社廻見記録』に書きとどめた。同書は、村々の信仰の実状と神仏分離政策による変容とを、いきいきと伝えてくれる貴重な記録である。以下、同書によって、いくつかの例をあげてみよう。

滝原村の多伎《たき》神社は、吉田波江という神職が奉斎する村の鎮守神であるが、神体は不動であった。社地の裏に滝があり、また村名にもちなんで、不動明王が祀られたのであろう。小池が巡回したとき、この地方では、神主《かんぬし》も村人も不動を神だと思っており、社造《やしろづく》りで祀られていた。そこで小池は、いまさら仏堂に改めさせることはできないと考え、社は元のままとし、不動像をとりのぞいて鏡を神体とし、幣束《へいそく》や鈴などを備えて神社としての様式を整えるように命じた。

つぎの小見村は、八幡宮を鎮守としていたが、神体は梵字を彫りつけた青い石であった。小池はこの石を取りはらい、鏡を神体とし、幣束などを飾るように命じた。

また、上野山村の鎮守は、子易《こやす》神社といったが、これは、これまで子易大権現と称していたものを、神仏分離にさいして、子易神社と改称したのであった。しかし、神体は、子易(安)地蔵と薬師菩薩を厨子《ずし》に納めて祀ったものだったので、小池は、厨子を寺へ渡し、あらたに白木の小祠をつくって伊邪那美神《いざなみのかみ》を祀り、神体は鏡にするように命じた。

また、花立村の鎮守は、久志神社といって、社造りで、神殿中には久志神社と記した木札がかざられていたが、額には瑠璃光《るりこう》堂と記され、旗にも薬師瑠璃光如来と記されていた。小池は、この額と旗を取りのぞき、神仏分離を明確にするように命じた。

温出《ぬくで》村の熊野神社の神体は、いが栗頭の仏像であった。小池は、仏像を取りのぞき、鏡を神体とするように命じた。

越御堂村の床浦社は、元は疱瘡《ほうそう》神であったが、先年、白川家の許状をうけて床浦社と改称し、神倭伊波礼毘古命《かむやまといわれびこのみこと》(神武天皇)を祭神としたものであった。小池は、白川家の許状によるとはいえ、疱瘡神を神武天皇に祀り替えるとは、あまりに「無二勿体一《もったいなき》」ことだと諭《さと》した。

氏神のない村

蔵野新村と牧野新村は大村で豊かな村であったが、村に鎮守神がなかった。両村は、かつて若宮社を鎮守社としていたのだが、先年の福島沼の洪水で村地を移し、若宮社は隣の山倉村と地境のところにあったので、山倉村の者が祀ることになったのである。ところが、両村は一向宗門徒のみの村なので、村民は鎮守神がないことを「誉レ」とさえするにいたった。この実状を知って驚いた小池は、祭政一致の趣意を諭し、元の鎮守を祀るか、最寄《もよ》りの村の鎮守をともに祀るかするように命じた。

本明村も一向宗門徒のみの村で、石仏社を鎮守としていた。その神体は、大日如来とされる石像であるが、じつは神とも仏とも見わけがたい「古物」であった。小池は、この石像を取りのぞき、大名持・少彦名の二神を祀り、二所社と改称するのがよかろうと命じた。

堤村も一向宗門徒のみの村で、鎮守社がなかったので、小池は、「神州之民として、一向仏ヲ而已《のみ》奉祭シ、神恩ヲ不レ思《おもわざる》は不レ宜」ことを申し諭し、笹岡駅の鎮守を勧請《かんじょう》するか、最寄りの村の鎮守をともに祀るかせよと命じた。

　これらの事例から、一向宗門徒だけの村では、村氏神の存在しないばあいがあったことが知られるが、そのばあいでも、本明村の事例から知りうるように、村氏寺や氏仏にあたるものは存在したのではないかと思われる。一向専修を標榜する一向宗の村々で、氏神のないことを「誉レ」とするばあいさえあったということも、なかなか面白い事実であろう。また、鎮守社があっても、「仏辟」がつよく、祭礼のさいも念仏おどりなどをおこなうだけですます村もあることを、小池は歎いている。

　また、押付村には稲荷があり、吉右衛門という社守がいた。小池は、神殿のなかにあった三つの狐像を取りのぞかせ、狐の出入穴と称する石のすき間のようなところを埋めさせ、油揚・赤飯等を献じてはならないと命じた。ところが、内野村の無高の百姓関之進という者は、自宅に稲荷を祀り、石の狐像・鳥居・鈴などを仰々しく飾り、賽銭や供物などを供えていた。そして、関之進は、小池の質問に答えて、この稲荷は押付稲荷の「御倅狐様」であり、自分は諸人の依頼で稲荷の神託を請うているといった。小池は、この百姓に似合わない行為を堅く禁じたが、村人の評判では、関之進は「無頼人」で、三、四か所で所払いになった怪しげな人物だということであった。赤塚村や能代村にも、百姓の身分で、妻子に稲荷の神託があると称して、諸人のために祈禱を営む者があり、小池はこれも厳しく禁じた。

氏神の整備

以上の挙例は、『神社廻見記録』から特異な事例を選んだものではない。神仏分離にさきだって、この地方の神社は、仏像を神体としているばあいが多かったが、そのほか、疱瘡神、稲荷、大歳神《おおとしがみ》、山の神、塞《さい》の神、地主神などが祀られており、名称や由来を尋ねても、よくわからないばあいもあった。また、祭神を鵜葺草《うがや》葺不合尊《ふきあえずのみこと》だとか神武天皇だとかするものもあったが、しかし、その多くは近年になってそうした神名に改められたもので、かえって由緒の怪しいばあいも多かった。小池は、こうした祭神を一つ一つ調べ、仏像を取りのぞき、道祖神は八衢彦《やちまたひこ》・八衢姫神に改めるとか、地主神は大名持・少彦名神に改めるとか、それぞれの神の由来や地名の類推などから神名を定め、神体を指定した。

こうした神社改めは、明治三年ごろから各地でおこなわれるようになったらしい。氏神と村との結びつきは、村の成立そのものに由来する長い伝統をもっていたが、それまで、氏神は一村に一社とはかぎらなかったし、氏神の神体が仏像であるばあいや、氏神というより氏寺といった方がふさわしいものも少なくなかった。さらに、村の氏神(産土《うぶすな》社)のほかに、各家や同族団に氏の神があるばあいもあり、それ以外にも多くの小祠が祀られていた。

こうした多様な神仏関係のなかから、国家によって神社祭祀が体系化されたとき、村の氏神(産土社)だけが選びだされ、しかも、氏寺や仏像を排して、一村一社の神道式の氏神の成立が目標とされたのであった。もちろん、明治三—五年ごろの段階で一村一社の氏神制が確立したのではなく、一村二社以上の氏神やさまざまの小祠などが残されるばあいも多く、神社整理が明治末年に地方の大問題になったことも、よく知られている。しかし、神社数がいっきょに減少し、一村一社の氏神へと転換・整理された最大の画期は、この時期にあった。そのころ、氏神といえば氏(同族団)の神を想起することも大して不自然なことではなかったらしく、壬生《みぶ》県(→栃木県)では、氏子調《うじこしらべ》規則で「(守札を管理する)此氏神ト唱候ハ、氏ノ祖神ト申儀ニ候哉、又ハ鎮守産土神ヲ氏神ト称候儀ニ候哉」という伺いをだして、「氏神ト唱ヒ候ハ産土神ト可二心得一事」という回答をえている。こうして、村々に祀られていた多様な神仏のなかから、産土神だけが浮上してきて他を抑え、いま私たちが村や町で見るような氏神が成立した。私たちが神社の様式としてごく自然に思いうかべてしまう鳥居、社殿、神体(鏡)や礼拝の様式なども、その大部分は、こうした国家の政策を背景として成立したものであった。

氏仏廃毀の恐怖

こうした宗教体系の転換が、地域にどのような波紋を投じたかは、容易にうかがうことのできない問題である。しかし、氏仏の廃毀をめぐる葛藤が、つぎのように伝えられているばあいもある。

羽前国置賜《おきたま》郡成田、今は西置賜郡長井村大字成田と云ふが、その一村の鎮守の薬師堂があつて、薬師如来の大木像が安置せられてあつた。神仏分離の騒ぎに、薬師堂に居た修験小松来全と云ふ者が主となり、薬師如来の大木像を引張出して打捨てた。稍《やや》後に同村の路傍の一小堂に安置することとなつたが、昨日まで一村の鎮守であつた薬師如来が、路傍の一小堂に僅《わずか》に雨露を凌《しの》ぐにとゞまり、殆ど打捨てられたも同様であつた。乃《そこ》で一村の老幼男女は、自ら安き心もなかつたものと見え、薬師如来の現罰で一村が焼亡さるゝであらうなどゝ流言を伝へた。小松来全は、之を聞いて再び大木像を引張出し、乱暴にも斧を以て打割つて、一束の薪となし、薬湯を立てようとして、風呂の下に投じ、金箔燿《かがや》く蓮台を風呂の前の脚台とし、近隣の人々を呼んだが、一人もその風呂に浴しようとする者はなかつたといふことで、今尚ほ同村の人々の話柄となつてゐる。(『神仏分離史料』中)

この事例では、村氏仏として薬師如来が祀られていたのであり、それを時勢に便乗した修験などが廃毀して、村人に「一村焼亡」というようなふかい不安と恐怖をあたえたのである。こうした不安や恐怖も、年月の経過のあとでは、村の話柄の一つとして伝えられたにすぎないとしても、当時の村人の経験のなかでは、自分たちの存在秩序の基底を破られるような思いのものだったろう。それは、権力や権威や時勢というものについてのあたらしい経験であり、こうした経験をへることで、近代社会のなかに生きる人々の態度がつちかわれたのであった。

小祠廃併合

村レベルで考えるとき、氏神(仏)の神格や神像をめぐる問題のほかに、氏神と小祠の統合の問題があった。当時の村には、氏神のほか、多様な民俗信仰的な神仏が存在していたからである。

表3は、陸中国鹿角《かづの》郡松谷・尾去《おさり》両村の神祠のうち、明治十年に存置を承認されたものである。二村で十六社、現在の私たちからは思いもかけぬほど多数の神社の存置が認められたことになろう。これらの神社は、神社名や祭神名がいくらかもっともらしく改められているとはいえ、じつは薬師、稲荷、山の神、竈《かまど》の神などを祀っていることはあきらかである。「建物」とあるのは神殿で、神殿と独立した拝殿はなかったのであろう。境内地もせまい。しかし、存置を承認されたこれら神祠は、勧請年《かんじょうねん》などもはっきりしているいくらか大きな祠《ほこら》などの方で、ここに記載されていない廃滅した小さい社宇は、はるかに多かったのであろう。

表4は、大分県第八大区第三小区大肥村で明治九年に合併された小祠を書きあげたものである。じつに、合計三十一祠が、村社天満宮に合祀された。天満宮は、神殿一・五間×二間、拝殿二・五間×三間、境内地二反一畝十五歩の規模の郷社であった。煩を恐れて省略した同小区の各村でも、まったくおなじ原則ですべて一村一社に神祠統合がなされている。表4では、小さな石祠に祀られた猿田彦太神《さるたひこおおかみ》がもっとも多いが、それ以外の神祠もごく小規模なもので、拝殿があるものは三祠しかない。こうした小祠が村内のいたるところにあって、日常的に村民の信仰対象となっている状況を、民俗学の教えるところによって、私たちは容易に思いえがくことができる。

表3　陸中国鹿角郡松谷村・尾去村の神祠(明治10年)

村名	神社名	祭神	建物(タテ・ヨコ)	境内地(坪)	勧請年
松谷村	薬師神祠	大己貴命 少彦名命	2間×2間	16	享保10
	高瀬神祠	稲倉魂命	5尺×3尺	16	享保12
	駒形神祠	保食命	5尺×3尺	12	正徳 3
	山神祠	大山祇命	2尺×1.5尺	12	文政 6
	稲荷神祠	稲倉魂命	2尺×1.5尺	16	享保11
	〃	〃	3間×3間	56	元禄 1
	平野神祠	保食命	3間×3間	32	享保 2
	稲荷神祠	稲倉魂命	3間×3間	32	明和 1
	駒形神祠	保食命	?	10	正徳 1
	山神祠	大山祇命	3間×2間	12	延享 1
尾去村	神明祠	天照皇大神	4.5尺×3尺	18	宝永 4
	出羽神祠	稲倉魂命	1.2尺×1.2尺	20	延保(ママ) 1
	竈三柱神祠	火結命ほか二神	3間×2間	16	貞享 1
	駒形神祠	保食命	4.5尺×3尺	12	享保 1
	〃	〃	2間×2間	12	元文 2
	稲荷神祠	稲倉魂命	2間×2間	6	延享 2

(資料)『社寺取調類纂』8

表5には、熊本県阿蘇郡で、明治十七・八年の社寺取調べにさいしてあらたに発見され、村社に合併された神祠をかかげた。こうした調査の前提にあるのは、九年十二月の、

各管内山野或ハ路傍等ニ散在セル神祠仏堂〈祠ハ山神祠・塞神祠ノ類、堂ハ地蔵堂・辻堂ノ類〉ノ矮陋《わいろう》ニシテ一般社寺ニ比シ難ク、且ツ平素監守者無レ之向《むき》ハ、総テ最寄《もより》社寺ヘ合併又ハ移転可レ為レ致……。
(『法令全書』)

という小祠廃併合令である。この布告にもとづいた小祠廃併合がす

でになされたあとで、十七・八年段階の調査によりあらたに発見されたものが、表5にあたる。社殿なしとあるものが圧倒的に多く、社殿があってもタテ・ヨコを記すまでもない「小祀」が多いところからして、表4のような小さな神殿をもつ程度の小祠廃併合がすでに完成した段階でも、なお樹石などに祀る神祠が数多く残存しており、それがあらためて村社に合祀されたのであろう。

表4　大分県大肥村合併小祀（明治9年）

祭神等	神殿（タテ・ヨコ）	境内地
		畝　歩
猿田彦太神	石　祠	1
遙拝所	1間×5尺	10
竹本神社	1間×1間	15
田神社	石　祠	9
烁葉神社	岩穴2尺×2尺	2.15
伊勢遙拝所	5尺×5尺	3
〃	1.5間×1.5間	16
猿田彦太神	石　祠	1.5
〃	〃	0.9
山神社	石　祠 拝殿あり	7.18
若八幡宮	2.5間×1.5間	1.06
猿田彦太神	石　祠	0.5
伊勢遙拝所	1.5間×1.5間	22.7
琴平社	6尺×7.5尺	17
天神社	石　祠	14.4
天満社	〃	4
伊勢遙拝所	7.5尺×6.5尺	5
〃	2.5間×1.5間	8.4
天満社	1.5間×1.5間	15
老松社	石　祠	0.4
田神社	1間×1間	12
猿田彦太神	石　祠	0.8
稲荷社	岩穴3尺×3尺 拝殿あり	17
猿田彦太神	石　祠	3
〃	〃	1
伊勢遙拝所	7尺×8尺	1.02
猿田彦太神	石　祠	0.5
〃	〃	0.8
伊勢遙拝所	1.5間×1.5間	20.5
〃	石　祠 拝殿あり	25
猿田彦太神	石　祠	2

（資料）『社寺取調類纂』139

表5　熊本県阿蘇郡の小祠合併(明治20年?)

村　　数 74					
合併神祠数 434	社殿なし 396	うち樹に祀るもの	314		
		石に祀るもの	29		
		水源を祀るもの	5		
	社殿あり 38	小　　祀	22	9尺×12尺	2
		9尺×9尺	2	8.7尺×6.7尺	1
		6尺×7尺	2	6尺×6尺	5
		5尺×6尺	1	5尺×5尺	1
		4尺×6尺	1	2尺×2尺	1

(資料)『社寺取調類纂』85

ところで、祖霊崇拝と氏神祭祀に民衆の宗教意識を集約させ、それを国家的な神々の祭祀に連結しようとする宗教政策からすれば、氏神の合併と小

民俗行事の抑圧

祠の廃併合だけが重要なのではなかった。こうした国家の祭祀体系に対立するのは、民俗信仰と民俗信仰的な行事・習俗の全体であるから、それらの全体が迷信・猥雑・浪費などと見なされ、廃絶の対象とされていった。そして、この政策原理は、露骨な廃仏政策が撤回されたあとでも一貫しており、むしろ強化されていった。

明治二年正月の山梨県の布告は、こうした民俗信仰・信仰行事抑圧の比較的に早い事例である。この布告の対象とされた民俗は、つぎのように記されている。

旧俗毎年正月十四日各市村ノ祭事アリ。之ヲ道祖神祭、或ハ塞ノ神祭、或ハ十四日祭礼ト唱ヘ……若者猥《みだ》リニ威ヲ使ヒ勢ヲ作《な》シ、其為ス所凡テ狂ノ如シ。連日鼓笛ヲ鳴シ、喧囂《けんごう》夜ニ徹ス。新婚・新築或ハ吉事アルノ家ニ迫リ

テ祭資ヲ償《つの》リ、其多寡ヲ推論シテ決セズ。輙《やや》モスレバ暴行アルニ至ル。市村ノ長、之ヲ諭《さと》セ共、聴カズ。唯謂フ、「道祖神ノ憑《たのみ》テ以テ如レ是ナラシムル者、強テ制セバ神罰アラン」ト。人皆恐レテ近ヅカザルニ至ル。……其際各市各村種々ノ旧習アリ。風化ノ弊害ヲ為ス者多シ。耆老《きろう》、之ヲ禁ゼント欲レドモ、旧俗ノ因習スル所、之ヲ如何トモスル能ハズ。是ニ至テ此令アリ。其弊稍《やや》減ズ。後数年、全ク其祭事ヲ廃スルニ至レリ。(『山梨県史』一)

ここで問題になっているのは、小正月の火祭りの行事としての道祖神祭のことである。この行事の主体は若者組にあり、彼らが新婚など吉事のあった家に寄附をもとめ、その金穀が少なければ暴行などをはたらき、それがしばしば村落支配者層の統制をはみだしてしまうが、村民はかかわりを避けようとするために、彼らのわがままがまかり通っているというのである。若者組が祭礼行事の中心となり、勧化《かんげ》(寄附)を強要したり行事に熱中したりして、地域の秩序を乱し、村落支配者層と対立するというのは、近世後期以来、一般的にみられた現象である。ハレの日に集団行動する若者組は、地域の生活秩序に対抗的な存在であり、その統制と再編成は、近世後期から明治中期にかけての地域の重要問題であった。民俗的世界は、祭礼と若者組を通して、もっともよく地域社会のなかにその底力をしめすことができたのである。若者組と祭対村落支配の階層的秩序というこの対抗関係を、維新政権という強権を背景にして、後者の側にたつ解決へともたらそうとするのが、さきの布告の趣旨である、といえよう。天領だったために、いち早く新政府の直轄支配におかれた山梨県では、こうした秩序転換が、もっとも早い段階から推進されていったのであろう。

啓蒙的抑圧　だが、民俗信仰や民俗行事・習俗への抑圧が一般化するのは、明治五年以降のことである。山梨県のばあいでも、二年の禁令はやや特殊な位置をしめ、禁制が強化されるのは、五・六年ごろである。こうして山梨県では、五年には、正月の門松、立春の追儺《ついな》、厄攘《やくじょう》、節季候《せきぞろ》などが禁止され、秋祭の日もバラバラで何日も家業を休み失費が多いとして、九月の天長節の日か十月十日に一定せよと令し、六年には、「今日ノ風化ニ背クモノ」として、

①神仏に託した種々の講、
②神仏の縁日、日待《ひまち》・月待《つきまち》・厄日待《やくびまち》・洗垢離《こり》、
③いわれのない勧化勧物、乞食への施し、
④淫祠の堂宇の建立、
⑤浄瑠璃・三味線などを学んで業を怠ること、
⑥たびたび小祭をなし群飲浪費すること、
⑦婚姻・喪祭・出産・宮参りなどの饗応が分にすぎること、

などを禁じた(『山梨県史』三)。この禁令は、開明的地方官としての藤村紫朗《しろう》の、啓蒙的な確信にもとづくものである。梓巫《あずさみこ》・市子《いちこ》・憑祈禱《つきぎとう》・狐下げ・玉占・口寄《くちよせ》の禁止、博奕《ばくち》、吹矢《ふきや》、村々

に芝居・狂言の「劇場」を建てることなどの禁止、盂蘭盆会《うらぼんえ》の廃止、瞽女《ごぜ》の禁止なども、おなじ趣旨である。こうした民俗信仰や民俗行事・習俗こそが、民衆の注意を家業からそらし、地域を疲弊させ、秩序を紊乱《びんらん》させる最大の原因と見なされたのである。そして、民俗的なものへのこの対抗において、藤村たちは、国家の富強と地方支配の強化をめざすとともに、おそらく、民衆の開明化と安寧や幸福もめざしていたのであって、そのゆえにこそ彼らは、積極的な課題意識に燃える啓蒙的専制主義者となることができたのであった。

地方官の主観的には開明的な政策と民俗的なものとのこうした対抗は、この時期に一般的な現象であった。たとえば、滋賀県のばあい、若者仲間が禁止されたのは明治三年であったが、これは五年の地蔵祭と左義長の禁制につらなっていたと思われる。死者をおさめた棺に六道銭《ろくどうせん》をいれることを禁じたり、神饌《しんせん》に獣肉も供えようとしているのも、ほぼ同一の対抗関係の一部であろう。ところが、こうした抑圧策は、他方では、官吏と路上で出会っても土下座してはならないとか、一村のなかで新来者を「新組」などとして差別するのは不当だとする啓蒙的な平等観ともあい補っており、元日には平生閑居の者も正月を祝うように命ぜられたりもしている。

乞食取締り　乞食の取締りには、こうした啓蒙的抑圧の原理が、ある極限において表現されているともいえよう。乞食は、遍路や六十六部《ろくじゅうろくぶ》のような下級の宗教者、また門付《かどづけ》の芸人などに近い性格をもち、それ自体何物も生産しないがゆえに、怠惰と社会的浪費を集約的に表現するものとされた。もちろん、乞食のなかには、疾病・不具などによってやむをえず乞食におちた者もいた。しかし、乞食という存在のなかに、新時代にふさわしくない怠惰と愚昧をみて、それを生業につけるか、そうでなくとも彼らを追い払って、一般民衆から彼らを隔離しようとするのが、明治五年ごろの各府県の政策であった。

そのさい、大阪府の布告が、廃疾等によりやむをえず乞食になったのは全体の十分の一で、それ以外は「無頼放蕩にして我職分を勉むる事を不レ好」がゆえに、脱籍して乞食の仲間にはいったのだとしたように、そうした境遇の責任は、基本的には本人にあるとされた。それゆえ、地域の民衆は乞食に食物を恵んではならず、地域の共同体は、橋下・社寺の境内などにたむろする乞食を追わなければならないことになった。こうした禁制のなかで、

一、橋上・橋下に起臥いたし候乞食有レ之候ハヾ、橋掛町々に於て心を附《つけ》、速《すみやか》ニ可二追払一事。

一、先般、非人之唱被レ廃候上ハ、辻芸・門芝居等賤敷《いやしき》遊業を以《もつて》渡世いたすべからざる筈ニ付、以来町村に於て厳重停止可レ致事。

一、社寺之境内ニ乞食起臥いたし候ハヾ、厳重取締、悉く追払ふべし。若《もし》等閑にいたし置《おく》に於てハ、其社寺へ可二引渡一候。(『大阪府布告集』一)

とか、「非人乞食等ヱ徒ラニ金銭食物等相遣《つかわ》シ候儀不二相成一候。万一心得違《ちがい》イタシ相遣シ候ハ

ゞ、其者迄急度《きっと》咎《とがめ》可二申付一事」(『神奈川県史料』一)などというのは、怠惰と勤勉、猥雑と良俗、非定着民と地域の共同社会とのあいだにひかれた分割と断絶を、きわめて明瞭にさだめたものであった。

権力と民俗との対抗

政治権力と民俗的なものとの対抗というこの構図には、すでに近世中後期以降の長い由来があった。祭礼と若者組の制限や禁止、強制的な勧化の禁止、流行神や淫祠の禁圧、博奕・芝居・踊の禁制などは、幕府や藩の法令のなかにしばしば見出すことができる。しかし、こうした禁制は、一時的にはともかく、幕藩制の動揺と解体の過程ではけっして有効ではなく、むしろこうした民俗的な様式を通して民衆の欲求とエネルギーとが社会の表相へ表出されていったのである。

ところが、廃藩置県をおえて集権国家としての体制をととのえた明治政府は、こうした民俗的なものへの抑圧をいっきょに強めていった。教部省と大教院による教化政策も、よりひろい視野からみれば、この開明的専制主義の一環であり、神仏各派は、その大合唱に加わることで、みずからの存在意義を政府に認めさせようとした。また、民俗的なものに対立するという点では、ようやく数を増してきた開明的な新聞・雑誌類もおなじ立場にあり、反政府的な新聞の方が、民俗的なものへの対抗意識がいっそう強烈でさえあった。

民俗的なものへのこうした抑圧策は、全国的にみれば、六十六部の禁止(四年十月)、普化宗《ふけしゅう》の廃止(同上)、修験宗の廃止(五年九月)、僧侶の托鉢《たくはつ》禁止(同十一月)、梓巫・市子・憑祈禱・狐下げなどの禁止(六年一月)、祈禱・禁厭をもって医薬を妨ぐる者の取締り(七年六月)などが重要な画期であり、これらの禁令は、それぞれの地域で、地方官の啓蒙的改革への情熱にもとづいて実施されていった。

そして、これらの伝統的な宗教活動の禁止は、産穢《さんえ》をきらわないとか、女人結界を廃止するとか、僧侶にも妻帯・蓄髪を許すとかいう、それ自体としては開明と啓蒙の政策ともあい補うものであり、また裸体・肌ぬぎ・男女混浴・春画・刺青《いれずみ》などの禁止とも結びついていた。素人相撲《すもう》・門付の芸人・万歳《まんざい》なども、あるいは禁じられ、あるいは改められた。民俗的なものは、全体として猥雑な旧習に属し、信仰的なものはその中心的な構成要素であった。

民俗信仰の位置

民俗信仰が猥雑な旧慣のなかに一括されて、啓蒙主義的な確信にもとづく抑圧策の前では、ひたすらに否定的にしか意味づけられないものであったということは、ここでとりあげている分割線の設定にかかわって、もっとも留意すべき点である。というのは、この枠付けによって、民俗信仰の抑圧は、強権的なものとしてよりも、はるかに権威づけられた啓蒙や進取のプラスの価値として、人々に迫ることになるからである。

一方に猥雑と懶惰と浪費と迷信があり、他方に良俗と勤労と文明と合理性があるというとき、誰も前者に積極的な意味をあたえて、これを後者に対決すべきものとしてつきつけることはできない。こうして民俗信仰の世界は、意味や価値としての自立性をあらかじめ奪われた否定的な次元として、明治政府の開化政策にむきあってしまう。政府の開化主義的な抑圧政策にたいして、不安・不満・恐怖などが不可避的に生まれても、しかしそれは、筋道たてて意味づけられて表わされることのできない鬱屈した意識(むしろ自己抑圧された下意識)として、漠然と存在するほかない。そして、そのためにまた、権力の抑圧性とそれにたいする不満や不安なども、時間の経過のうちにしだいに意識下の次元に葬られ、開明的諸政策とその諸理念が曖昧に受容されてしまうのであった。

Ⅵ　大教院体制から「信教の自由」へ

1　大・中教院と神仏合同布教

島地黙雷

明治四年九月、島地黙雷は教部省設立を求める建言を提出した。この建言は、「方今、祆教（キリスト教）ノ民ニ入ル、日ニ一日ヨリモ熾《さかん》也」という認識から出発しており、その意味では、島地は、神道国教化政策を推進しようとした人々とまったくおなじ危機意識にたっていた。さらに島地は、「祆教」を防ぐためには日本の国体を民衆に教え、そこに人心のよりどころをおかなければならないとしていたから、その点でも島地は、神道国教主義と軌を一にしていた。しかし、「祆教」を実際に防ぐためには、「愚民」の教化に実績をもつ仏教こそが中心的な役割を果すべきであり、その点では、神祇官などの神道唯一主義はまったくの誤りだとするところに、仏教側の立場を代表する島地の独自性があった。そして、こうした立場から、神道のみを宣教する官を廃し、「教義ヲ総《すぶ》ル」一官をおこし、神仏合同の教化体制をつくるようにせよ、というのが、その建白の趣旨であった。

キリスト教への対抗を自明の目的として国体神学の神々の崇敬をすすんでうけいれ、ただ民衆教化のためには仏教の役割が積極的に認められなければならないとするのは、諸宗同徳会盟以来の仏教側の自己主張の中核をなす論理であった。そのさい、仏教側には、近世以来、民衆教化に果してきた仏教の役割の大きさというよりどころがあった。この伝統をふまえて排仏的な時代風潮をきりぬけ、あたらしい時代の動向のなかに仏教の地位と役割をむしろ積極的に見いだしてゆこうというのが、この時代の仏教界の指導者たちに共通する考え方であった。

教導職と三条の教則

教部省は、はじめ、こうした仏教側の要請にもとづいて設立され(五年三月)、すぐつづいて十四級の教導職が定められた。教導職は教部省に属し、神仏双方から任じられた。その総数は、七年には七二四七名で、そのうち神官は四二〇四名、僧侶は三〇四三名だった。しかし、能力試験がおこなわれて総数がふえ、明治十三年には別掲のように、十万人をこえた(吉田久一『日本近代仏教史研究』)。

一見して、仏教側がはるかに優勢だったことがわかるが、神官教導職には、学力のない修験などからとりたてられた者も多かったから、実勢の差は、数字以上のものがあったろう。

教導職がおかれた三日のちの五年四月二十八日、三条の教則が定められた。それは、

一、敬神愛国ノ旨ヲ体スベキ事、
一、天理人道ヲ明ニスベキ事、

一、皇上ヲ奉戴シ朝旨ヲ遵守スベキ事、

の三か条で、これが神仏各派の教導職が講説すべき内容とされたのである。三条の教則は、教部省御用掛となった江藤新平の起草によるもので、国体神学の教説をひきつぎながらも、それを神仏各宗がともに受容しうるような一般的な規範に組みかえたところに特徴があり、その意味では、「諸宗ノ僧侶ヲ神道ニ引返スノ策略」だったともいえよう(『神教組織物語』)。しかし、この三か条だけでは具体性に欠けるので、六年二月、十一兼題が定められた。それは、

神徳皇恩、人魂不死、天神造化、顕幽分界、愛国、神祭、鎮魂、君臣、父子、夫婦、大祓

で、復古神道的な立場の神道教義が大きな比重を占め、それに日常倫理が交えられていた。さらに、同年十月に定められた十七兼題は、

皇国国体、皇政一新、道不可変、制可随時、人異禽獣、不可不教、不可不学、万国交際、権利義務、役心役形、政体各種、文明開化、律法沿革、国法民法、富国強兵、租税賦役、産物製物

		人
神	道	21,421
天	台	4,754
真	言	9,406
浄	土	10,636
臨	済	6,054
曹	洞	16,713
黄	檗	488
真		24,701
日	蓮	5,448
時		505
融通念仏		309
合	計	100,435

で、国体思想に加えて、文明開化の基調にもとづく国民的常識の養成をめざすという性格が顕著な内容であった。以上が教導職の講ずべき主題である。教導職の講義のためのテキストとして、三条の教則、十一兼題、十七兼題

についての解説書が、あいついで刊行された。

大教院は、はじめ、「教部省ノ命ヲ奉ジ、三条ノ旨趣ヲ体認シ、諸教導職ノ材識ヲ長育スル所」、すなわち教導職の教育機関とする目的でつくられた。しかし、実際に大教院がひらかれると、造化三神(天御中主神《あめのみなかぬしのかみ》、高皇産霊神《たかみむすびのかみ》、神皇産霊神《かんみむすびのかみ》)と天照大神が祀られ、これら四神を奉じた神仏混淆の布教所のような性格のものになった。

大・中・小教院

大教院は、六年一月に紀州邸跡で開院式をおこない、ついで芝増上寺に移ったが、増上寺では、本堂から本尊の阿弥陀仏を撤去して右の四神を祀り、注連《しめ》をはって幣帛《へいはく》を捧げ、祝詞《のりと》を奏し、山門の前には白木の大鳥居をたて、十六羅漢像は菰《こも》包みにして倉庫にいれられた。また開院式にさいしては、烏帽子《えぼし》直垂《ひたたれ》の神官と円頂法衣《えんちょうほうえ》の僧侶がいっしょに祭儀にのぞみ、真宗管長大谷光尊(明如)は、法衣のまま柏手をうって降神の式をおこなった。こうして、僧侶も国家の公的活動の一部に参加することを認められたのではあるが、実態的には神道的様式に仏教側が無定見に迎合して、「宛然《えんぜん》タル一大滑稽者場」「真ノ妖怪集場」(島地黙雷)が出現したのであった。

中央の大教院に対応して、地方には中教院と小教院とが設けられた。中教院は、各府県に一院をおき、その府県の教導職や小教院の管理にあたり、小教院は、すべての神社と寺院がそれにあてられるはずであった。そして、教導職試補以上でなければ寺院住職となることができず、したがってまた説教もできないことになった。

さて、このようにして、教部省と大教院に統轄され、三条の教則、十一兼題、十七兼題を内容とし、神官・僧侶(のちには俳諧師や講談の師匠までも動員した)の総力を集めた国民教化の壮大な試みとしての説教がはじまった。説教は、五年五月、福羽美静《ふくばびせい》の要請で常世長胤《とこよながたね》らが、芝大神宮、日枝《ひえ》神社、神田神社でおこなったものが最初の事例らしい(『神教組織物語』)。この説教は、日本橋など人寄りのする場所へ立札をたて、予告しておこなわれた。こうした説教は、その後、全国でおこなわれるようになった。

静岡の説教

たとえば、静岡県の説教は、静岡浅間神社の祠官であった大井菅麿らによって、五年十一月からはじめられた(清水秀明「静岡・浜松両県下における教導職の活動」、以下同論文による)。大井らは、静岡の浅間神社で月二回、他の三社で月一回の説教をおこなうこととし、六年八月からは、浅間神社では月三回とした。最初の日、大井は敬神、森重古は天理、八幡清雄は皇上奉戴について講じたが、これは三条の教則の各条にあたるもので、その後も三条の教則の趣旨を説くことに中心がおかれた。聴衆は、第一回には百二十名ほどだったらしい。

静岡県の説教でもっともめざましかったのは、平山省斎《せいさい》と藤岡好古《よしふる》が来県しておこなった巡回説教であった。この説教は、六年八月下旬から十二月初めまでにわたって県下一帯でおこなわれ、千人をこえる聴衆が参加するばあいも少なくなかった。ほとんど連日にわたってこうした厖大な聴衆があったのは、県庁の指令で戸長などが村毎に動員したからであった。

この説教の内容は、一方で天皇の神権的絶対性を強調しながら、他方で、こうした天皇制支配のもとで、人々が文明開化の気運にめざめ、新時代にふさわしい活動的な人間となるように説くものであったことを、宮地正人氏があきらかにしている（「形成過程からみた天皇制イデオロギーの特質」）。説教のあとの宴会で、散髪を強制したりしているのも、この説教の啓蒙＝専制的な性格をよくあらわしていた。

ところで、以上の説教は神道側のものであるが、こうした説教は、神仏の強い対抗意識のもとですすめられるのが通例であった。静岡のばあい、中教院は静岡浅間神社に設けられ、中教院の説教では、神道側に主導権があった。しかし、地域の寺院では僧侶の説教がおこなわれ、そちらの方の盛況ぶりは、神道側のおよぶところではなかった。そのため、寺院で説教があるばあいには、神道側は定日説教を休講することさえあった。さらに、説教に自信をもつ僧侶側が、「神官僧侶打交り説教いたし度」と申しいれても、神官側は「只今之処ニ而《て》ハ迷惑」と断わるようなありさまであった（清水、同右論文）。

説教の人気

中教院規則には、造化三神と天照大神を祀ること、神道式の拝礼をおこなうこと、月三回以上の説教をすることなどが定められていたから、形式上は、中教院では神道が優位にたつような制度になっていた。しかし、実際には、神官側には、神典や十一兼題、十七兼題などについて詳しい知識をもったすぐれた説教家は少なく、反対に僧侶には、説教のうまい者が多かった。僧侶たちは、説教についての長年培ってきた技術をもっており、そうした説教を求める民衆の願望には、長い伝統があったからである（関山和夫『説教の歴史』）。

神官の説教が下手で人気がなかったことは、五年十一月の教部省の布達でも認められていた。しかし、おなじ布達は、仏教側については、公席では三条の教則をいちおう説くが、そのあと、私席で宗意のみを説いていること、本地垂迹説《ほんちすいじやくせつ》によって、神よりも仏に重点をおいた教えを説いていること、説教の場で堂塔造営の勧財をしていることなどを指摘し、きびしく非難している。そして、実際に地域の民衆に人気があったのは、右の布達で禁制の対象となっているような僧侶たちの説教だったから、僧侶たちが教導職に採用されてその宗教活動が活発化すると、地域でさまざまのトラブルが生まれた。

たとえば、宇都宮県（→栃木県）下の延命寺の住職義宗という僧侶は、地獄極楽などの仏説を説き、「神仏ハ元一体、神ハ則チ仏ノ権身《ごんしん》ナリ。故ニ仏ヲ拝スレバ神ヲ拝セズトモ可ナリ。若《も》シ礼拝セバ必ズ弥陀ノ名号ヲ以テセヨ」などとのべ、教導職を免ぜられた。宮崎県でも、安藤法水という真宗僧が「宗祖ノ規則ヲ法談」して処分された。木更津県（→千葉県）では、日進という日蓮宗の僧が、巡回説教にさいして鬼子母神《きしもじん》の厨子《ずし》を持参して「法楽加持」をおこない、そうした行為を禁止された。また、僧侶が迷信じみた仏説を説いて、「県官は級々《（マヽ）》トシテ人民ヲ開明ニ誘導シ、教導職ハ孜々《しし》トシテ蒙昧ニ陥レ候姿ニテ、全ク政教相反シ、教導職ハ翅《ただ》ニ人民ニ無益ナル而已《のみ》ナラズ、実ニ県治之有害不レ少、地方官の困却、此事ニ御座候」とされることさえあった（藤井貞文「教導職廃止の要因」）。さらに、真宗寺院が神道側の説教を拒否するばあいや、仏教側から神道側に議論を吹きかけてくるようなばあいもあった。こうしたトラブルは、黒住教や吐菩加美講《とほかみこう》とのあいだでも生じた。というのは、これらの民衆宗教からも教導職が任命されると、彼らは、吉凶禍福を説いて加持祈禱をおこなうなど、民衆宗教に固有の活動を公然と展開するようになり、それが地方官の開化政策と一致しなかったからである。

説教の内実

説教にさいして、仏教も民衆宗教も、三条の教則を体認した上では、それぞれの宗義を交えて教導することを許されていた。しかし、実際問題としては、三条の教則の「体認」の上に各宗派の宗義をどこまで交えてよいかは決定しがたいことであり、いったん説教の自由を認めてしまえば、仏教も民衆宗教も、それぞれに培ってきた伝道様式を発揮してしまうことは、当然のなりゆきであった。六年一月に法談・説法などの名称を廃止し説教という名称に統一したこと、同年十二月に説教に定日を定めて夜講を禁じたことなどは、真宗などでおこなわれてきた伝統的な法談と教導職の説教とを区別しようとする苦心の試みだったが、それぞれの宗派の信徒たちが集まった説教の場で、三条の教則などが名目的なものになることを避けることはできなかった。

五年八月、西本願寺門主明如は、教部省の意向に従って九州へ教導の旅に出たが、八代《やつしろ》県

(→熊本県)では明如の説教を捕亡方《ほぼうかた》を差し向けて取締ることにした。というのは、明如の説教がおこなわれると、参詣の民衆は「高座を仰ぎ金銭を投」げ、ひそかに施物等をするだろうが、それは、教部省が推進しようとしている教化政策とは異なるからであった(『明如上人伝』)。高座の説教者を囲んで参会者のあいだに宗教的な昂揚が共有されるようになり、さわりの箇所では自然に念仏の声が聴衆のあいだにおこり、賽銭も投げられるというのは、真宗に伝統的な説教の様式である。門主を迎えて、必ずこうした伝統的様式の感激が説教の場をうめるにちがいなく、それを地方官は警察力で取締ろうというわけである。こうした八代県の方針のため、結局、明如は八代県へは行かなかったが、真宗などの説教とあたらしい説教とがあい容れない性格のものであったことが、よくあらわれている事件だといえよう。

三条宗

六年三月の越前の一揆は、教部省十一等出仕石丸八郎の寺院改革が、より一般的な新政への疑惑と結びついて、大規模な農民一揆へと発展した事例である。石丸は、越前国今立《いまだて》郡定友村唯宝寺(西本願寺派)の出身で、幕末以来、長崎でキリスト教の探索をつづけ、キリスト教排撃のために活動してきた人物であった。石丸は、こうした方面の識見が評価されて、教部省設置とともに出仕を求められ、教部省・大教院のもとでの宣教体制の整備に活躍した。

六年一月、右のような立場の教部省の役人として故郷へ帰った石丸は、今立郡の各宗寺院をあつめ、寺院を廃合して小教院をつくり、そこに各村の氏神と諸寺の仏祖を祀ること、教導職の者は家内とともに長屋をたてて小教院に住み、門徒・同行《どうぎょう》などの名称を廃して、以後「三条宗」と称し、月に六回、三条の教則を説教することなどを指示した。三条の教則を中心におき、神道を表にたてて仏教をそのなかに包摂してしまうような、大教院体制のもとでの神道中心主義が、中央政府の威信を背景として、いっきょに実現されようとしていたわけである。

ところで、奇妙なことに、もともとはキリスト教を排撃して護教と護国を結びつけるものであった石丸の立場は、地域の民衆の不安を背景として耶蘇教と結びつけられ、朝廷が三条の教則を強要してくるのは朝廷が耶蘇教を信じているからだ、石丸は耶蘇だなどと噂されるようになった。朝廷や石丸自身が耶蘇だと信じられたのは、耶蘇という名辞のなかに民衆がみずからの生活秩序を脅かすよそよそしい敵対者を集約する伝統が存在したからであるが、朝廷の新政策が耶蘇教と結びつけられた事例は、四年の大浜騒動や同年の広島藩の一揆にも見られ、けっして例外的なことではなかった。

越前の一揆

こうして、故郷に帰った石丸の活動は、一般民衆のあいだに、耶蘇教の強要→仏教の廃滅という危機意識を醸成していった。そして、大野郡では、「仏法廃止」に抵抗するための秘密組織が生まれ、村々が連印して、耶蘇宗の者がきたら蜂起することが約定された。三月六日、こうした動向の機先を制する目的で二人の指導者を逮捕すると、大野郡一帯で農民たちは蜂起し、「南無阿弥陀仏」と大書した旗をかかげ、竹槍をもって大野町地券役所を襲って焼きはらい、同町や近在で、富商・戸長役場・商法会社・高札場などを打ちこわし、あるいは焼いた。大野郡についで今立郡・坂井郡でもおなじような蜂起がおこった。一揆勢は大野郡だけでもおよそ二万、その行動のはげしさにおいても規模においても、明治初年を代表する一揆の一つであった。

一揆勢の要求は、「耶蘇宗拒絶ノ事」、「真宗説法再興ノ事」、「学校ニ洋文ヲ廃スル事」の三か条で、彼らはまた、「朝廷耶蘇教ヲ好ム、断髪洋服耶蘇ノ俗ナリ、三条ノ教則ハ耶蘇ノ教ナリ、学校ノ洋文ハ耶蘇ノ文ナリ」と主張し、地券を焼き捨て、新暦を拒否するなどした。この一揆は、新政の全体にはげしく暴力的に反抗するという新政反対一揆に共通する特徴をもっていたが、耶蘇教排撃というスローガンには、そうした全体としての反新政の気運を集約するような役割があった。朝廷が耶蘇教を好み、三条の教則が耶蘇教の教えだとされるなど、農民たちの主張と要求の主要な部分が、奇妙な誤解にもとづいてもっともよそよそしく敵対的な存在としての耶蘇教に集中しているところに、大教院体制のもとでの上からの教化の強要が地域の民衆にあたえた不安と恐怖の大きさが、いかに巨大なものであったかということが表現されている、といえよう。

講社設立　ところで、教部省の設置にともなうもう一つの大きな変化に、講社の設立があった。教部省の職務の一つに、「教義ヲ講ジ、講社ヲ結ブ者ニ免許ヲ与フル事」とあり、講社の認可権が教部省の専管事項となったが、六年以降、教部省の認可をうけて、きわめて多くの講社が設立されたのである。これらの講社には、伊勢講、富士講、御岳講など近世以来ひろく分布していた諸講や、黒住講、修成講、吐菩加美講のようなあらたな民衆宗教、有名神社の崇敬講などが含まれていた。これらの講社が公認されるためには、「教会大意」(六年五月)の規定によって、

一、三条ノ大旨ハ終身之ヲ謹守スベキ事。

二、倫常ノ道ヲ守リ、各其実行ヲ竭《つく》スベキ事。

三、会中凡ソ同胞ノ親ヲ為シ、吉凶禍福ヲ相輔ケ、疾病患難ヲ相救ベキ事。

四、異端邪談ヲ信仰スベカラザル事。

というような条項がみたされなければならなかった。三条の教則を中心におき、民衆に日常倫理を教え、邪説に惑わされないという教化政策の大枠をすすんで承認することで、これらの講社は活動の自由を獲得したのである。たとえば、赤心報国会《せきしんほうこくかい》の教会規則がその冒頭に教会員の心得をのべて、「第一、三条ノ教憲ヲ守リ……神徳皇恩ヲ拝謝シ、上下敬愛ノ真情ヲ懇《ねんごろ》ニスベキ事」(戸川安章『出羽三山修験道の研究』)としているのは、右の「教会大意」をほとんどそのまま

引きついだものといってよいだろう。そして、こうした規定が近世以来の信仰実態といちじるしく異なり、赤心報国会の基盤として吸収をはかった羽黒修験とのあいだにきびしい葛藤があったことは、すでにのべた。

神風講社

だが、それにもかかわらず、これらの講社ははじめて宗教活動を公認されたのであり、そのことの喜びとそこに生まれた活動力は大きかった。こうして、これまで教義というほどのものをもたなかった講にも、三条の教則や国体神学にあわせた教義がつくられることとなり、富士講、吐菩加美講のように、独自の宗教思想をきずいてきた民衆宗教も、おなじ方向で教義の再編成をすすめた。そして、官許を得た講社は、六年六月の大教院神殿での鎮祭にさいして、「其日、東京及近在神仏ノ講社ハ、旗ヲ捧ゲ太鼓ヲ打テ雲霞ノ如ク参集シテ、衢《みち》ニ満テ往来スル事モ叶ハザリキ」(『神教組織物語』)とされるほどだった。

これらの講社のうち、もっとも大きな神風講社は、神宮改革の一環として設立されたものだった。神風講社の規模が大きかったのは、各地の太々講《だいだい》(伊勢講)を再編したからであるが、神宮改革をすすめた浦田長民たちは、すべての宣教活動を伊勢神宮のもとに統合しようとする抱負をもっていた。五年八月からはじまったその説教は、度会県(→三重県)・三重県を中心にきわめて活発で、聴衆はしばしば数千人にたっした。六年四月一日から三日間、神宮祭主近衛忠房が岐阜でおこなった説教には、県庁の動員によるとはいえ、日々一万人もの聴衆があった。

また、神宮改革の重要な内容の一つに、御師《おし》による大麻《たいま》配布の停止があったが(前述)、その実際的な狙いの一面は、神宮司庁から地方官を通じて全国各戸に大麻を配布して莫大な利益をあげ、それを神宮教会の宣教の費用にあてることであった。五年十月の大麻配布についての概算によれば、一体一銭三厘で全国七百万戸に配布して九万円の粗収入をあげ、諸費用をさしひいて、三万円余を宣教にあてうるとしている(三木正太郎「神宮祠官の活動」)。大麻配布が、地域の民衆とのあいだに鋭い葛藤を生んでいったことについては、すでにのべた。

西山村の騒擾

神宮教会の設立をめぐって発生した騒擾事件に、六年十二月の三重県阿拝《あえ》郡西山村のそれがある。西山村では、これにさきだって十年ほど以前から御岳講がはいってきて、吉凶の予言や病気治療をおこない、村人の帰依を得つつあった。こうした村に、神宮司庁の講社設立の方針にもとづいて、副戸長や教導職試補の者を中心とする維新講がつくられ、御岳講を圧倒するようになった。

五年十一月、御岳講の集会中に、三五郎という者に「神変大菩薩」が神懸《かみがか》りし、それ以後、三五郎は病気なおしの奇跡をおこなうようになった。六年十二月、御岳講の集会中に、西山村の氏神春日神が三五郎に憑依《ひょうい》し、維新講の者は汚穢を忌まず、我を侮蔑し汚瀆《おとく》している、「我去て天に昇り我茲土を泥海にせん」という神託を告げた。また維新講の河野某や坂本某が村にいるかぎり、我は氏子を冥護《みょうご》しない、とも告げた。それを聞いた村人は、「手舞足踏を失ひ、天に号《さけ》び地に哭《こく》」し、坂本を殴擲《おうてき》し、河野の宅を打ちこわして、約二百名が春日社にたてこもった。そして、鎮圧にむかった捕吏二人を殺し、数名を負傷させた（土屋喬雄・小野道雄編『明治初年農民騒擾録』）。

この事件は、神宮教会系の講社が、副戸長や教導職試補など村落最上層の主導権のもとに導入され、一般村民のあいだにひろまっていた御岳講と対立して、激しい村方騒動から騒擾事件へと発展したものである。御岳講と村の氏神が結びついて、維新講は村氏神を汚蔑するものとされたことは、神宮教会の展開と伝統的な宗教体系との対決線をよく表現している。

以上にのべたように、教部省と大教院の統轄のもとで、仏教各派や近世以来の講や民衆宗教にも、はじめて公然とした活動の道が拓けたのだが、しかしそれは、宣教内容のきびしい統制とひきかえの公認であり、この統制に求められるがままに服してしまえば、それぞれの宗教の独自の内容や民衆の宗教生活の実状は、ほとんど無視されてしまうのであった。各宗の末寺僧にしろ、講の先達《せんだつ》や民衆宗教の指導者たちにしろ、彼らはそれぞれに特有の宗教体験をへてきた人たちであり、元来は国体神学とはべつの系譜の人々であった。だから、こうした人々を登用してなされた教化政策は、一見、国家的規模での整然とした教化と統制の体制に見えて、内容的には、国体神学的なタテマエと現実の宗教事情との葛藤にほとんど耐えることのできない、矛盾にみちたものだったのである。

2 「信教の自由」論の特徴

新時代の僧侶たち

すでにのべたように、神仏分離政策以下の排仏的な気運のなかでも、東西本願寺派に代表される真宗の教勢は、必ずしも衰退に向っていたのではなかった。成立直後の新政府は、財政的に両本願寺に依存するところが大きかったし、両本願寺の門末教諭にも期待しなければならなかった。そして、地域で廃仏毀釈がすすめられても、一貫してそれに抵抗したのは真宗であり、廃仏毀釈の嵐がすぎると、いちはやく寺院を再興させたのも真宗であった。神宮の大麻配布や説教をめぐって、もっともトラブルの大きかったのも真宗であり、大浜騒動や越前一揆のような闘争も、真宗地帯だからこそ発生したものであった。そして、地域でのこうした動向に対応するかのように、大洲鉄然・島地黙雷・赤松連城・石川舜台・松本白華など、新時代を代表するあたらしいタイプの僧侶たちが活発に活動するようになってきており、彼らは、西本願寺派の長防グループを中心に新政府の首脳部にもきわめて近い関係にあった。

教部省と大教院は、こうした僧侶たちを中心にして、仏教側から政府首脳にはたらきかけて設立されたもので、常世長胤のような復古派の神道家からすれば、教部省と大教院は、こうした真宗僧の陰謀によって生まれたとしてもよいほどで、それに手をかしたのが福羽美静や宍戸璣《たまき》のような長州閥の宗務官僚であった。常世は、教部省や大教院の設立とともに、そこで活動することになった真宗僧のことを憎悪をこめて記し、「教部省ハ真宗僻ナル妖魅ノ巣屈(窟)トナリテ、他人イラズナリ」(『神教組織物語』)と罵倒した。だが、こうした非難も、近代国家にふさわしい宗教のあり方を模索していた一部の僧侶たちからすれば、時代錯誤の教説にとらわれた者たちのさか怨みであったろう。国体神学の信奉者たちが、鬱屈した憤懣の思いにとらえられていたころ、一部の活動的な僧侶たちは、時代の動向をもっと冷静に見きわめ、文明開化や殖産興業の動向にも敏速に対応して、政治的社会的な発言力を強化しつつあった。

だが、こうした一部のあたらしいタイプの僧侶たちの活動を、門末のより一般的な状況ときり離して理解してはならないであろう。この時代の真宗の動向と役割を理解するためには、いくつかの次元を区別し、その相互的な関連をとらえる必要があるだろう。

真宗の独自性

まず、もっとも基底には、門徒民衆の宗教生活の独自性があるといえよう。真宗門徒は、大きな仏壇を家ごとにそなえ、在家での説教や夜間の法談をおこない、神祇不拝の態度をとるものも多かった。近世の仏教は、葬儀と年忌法要の仏教として一般化していったのに、真宗では死者供養が簡略化される傾向があり、仏前に位牌《いはい》を安置しないばあいもあった。現在でも墓をつくらず、また神棚を祀らない地域があることが報告されている（児玉識『近世真宗の展開過程』）が、こうした性格は、明治初年まではいっそう顕著だったと思われる。要するに、真宗では、民衆の宗教生活にかなり発展した独自性があり、日常生活の全体がこうした宗教生活を軸に編成されているという点で、他の宗派とは区別されるのであり、そのゆえに、神仏分離以下の国家の宗教政策との葛藤も、いっそうきびしいものにならざるをえなかったのである。

こうした門徒民衆の宗教生活を基盤にして、門末の寺院が存在しているのだが、これら寺院は、寺領・寺田などをもたずに門徒の布施《ふせ》に依存していること、真宗僧の妻帯生活にともなって、各寺院は特定の家によって相続され、地域の名望家としての地位を培ってきたこと、真宗の宗教活動の独自性の具体的内実として、法談・説教など、日常的な宗教活動を他の宗派よりはるかに活発におこなってきたこと、などの特色をもっていた。そして、こうした事情のため、廃仏毀釈がはじまると、これら末寺僧こそが地域を代表して護法のために奮闘することになった。それは、地域社会で要請された行為でもあったし、みずからの存在価値《レーゾン・デートル》への問いかけでもあったろう。廃仏毀釈がきびしくなされた真宗地帯では、佐渡・富山藩・松本藩・大浜など、真宗末寺僧の必死の活動がなされている。彼らの活動様式の中心は、窮状を本山に訴えて本山から朝廷に陳情してもらうなどという微温的なものであったが、しかし、こうした様式の範囲のなかでは、彼らはきわめてねばりづよく、不屈の行動力をもっていた。

こうした篤信の末寺僧からすれば、蓄髪・俗服で政府に出仕したりする活動的な僧侶たちは、宗義にそむく者のように見え、さらにさきの石丸八郎のばあい(二八九頁参照)のように、そうした僧侶(僧侶出身の宗教官僚)こそが、真宗の信仰を破壊する張本人のように見えるばあいさえもあった。逆に、著名な僧侶たちからすれば、こうした篤信の僧たちは、時代の転換についての自覚が不足で、「区々たる歎願」(島地が富山藩の廃仏毀釈のさいの僧侶の活動を評した言葉)にのみ奔走している視野の狭い人たちのようにうつった。だから、中央で活動する著名な僧侶たちと、これら末寺僧とのあいだには、発想や行動様式のズレと対立もあったのだが、しかし、よりひろい視野から見れば、後者の活動をふまえて前者の活動もあったわけで、さらにいっそう基底部には、門徒大衆の独自の信仰生活があったのである。

教部省の設立から「信教の自由」論の展開、そして、真宗の大教院離脱にいたる過程は、現象的に見れば、島地を先頭とする僧侶たちの大胆な論陣と政府首脳へのはたらきかけによって可能になったものであった。しかし、よりひろい歴史的な視野からすれば、佐渡、松本藩、富山藩などでの廃寺廃仏へのねばり強い抵抗や、大浜騒動、越前一揆のような闘争などにおいてしめされた真宗信仰の固有性と強靱さこそが、限定づきにしろ、「信教の自由」への道をきり拓いた深部の力であった。

島地の外遊

こうした認識をふまえた上で、ここでは島地たちの「信教の自由」論の性格を考えておこう。そこでの「自由」の意味を考えておくことが、近代日本における「自由」の特質を考える上で、示唆するところが多いと考えられるからである。

明治五年一月、島地は、連枝沢融《たくゆう》とともに外遊に出発した。財政の不如意と文明開化への無理解から、宗内には外遊反対の声がつよかったが、この時期に両本願寺ともに新時代への対応をいそいで外遊が断行され、欧米先進国の宗教事情と近代的な仏教学の発展とから、重要な教訓を得ることになった。

島地は、英仏での見聞からつよい印象をうけたが、その一つは、宗教が政治権力から毅然として独立していることにあった。もちろん、この独自性の背景には、長い宗教闘争の歴史があったのだが、こうした宗教のあり方に比べれば、大教院のもとでの仏教側の態度は、卑屈この上もないものと考えるほかなかった。こうして島地は、大洲鉄然ら故国の盟友にあてて、「宗旨ニハ抗抵ガナクテハ行ハレズ、仏ノ大悲ヲ学ブ者ハ官人ノ鼻息ヲ伺フ様デハスマヌ」、「ケ様《かよう》ナル時勢ニナリ乍ラ政府ニ諛《ゆ》シテ教ヲ守ル抔《など》トハ、算用ノケタ違ニ候」と書き送った(『島地黙雷全集』五)。

だが、こうした態度は、「真宗ノ外、日本ニテ宗旨ラシキ者ハナシ。一神教デナケレバ世界デ物ハ云ヘズ。幸ニ真宗ハ一仏也」という真宗の近代性への確信と結びついていた。これは、島地が外遊によって得たもう一つの重要な成果で、日本でキリスト教に対比しうるほどに近代的なのは、一神教的な真宗だけであり、開帳・祈禱・卜占を仕事にしている真言宗や法華宗は、「叩キツブス工夫ガ肝要」、禅宗・天台宗は学問で宗教とはいえず、八百万《やおよろず》の神々を信ずるという神道にいたっては、宗教学的にはもっとも未発達な原始的宗教にすぎない、と島地は論じた。さらに島地は、ヨーロッパでは無頼の者をさして「オーム・サン・ルリジョン」、「無宗旨の人」というとのべ、ヨーロッパ文明の基礎に人心をふかくとらえている宗教が存在していることを洞察した。そして、こうした見方から、日本の近代化に真宗が果すべき役割についての、昂揚してやまぬ信念が生まれてくるのであった。

木戸の宗教観

しかも、こうした島地の立場は、岩倉使節団の欧米諸国の実情認識をふまえた政府首脳部の考えと、基本的には一致していた。とりわけ、木戸孝允《たかよし》と島地は、英仏滞在中に十五回も会っているが、そこでの話題は、故国での宗教政策のあり方に集約されるような内容のものであったろう。木戸は、六年末には、「各人之信仰も自由に任せ候外無ㇾ之」という認識にたっしており、この立場から、当時、教部省の実権を握っていた薩摩閥の黒田清綱《きよつな》・三島通庸《みちつね》について、「信仰自由などゝ申事は、些《いささかも》合点に入兼《いりかね》」る「頑固論」者だと慨歎した（『木戸孝允文書』五）。

しかし、この「信仰自由」論は、木戸個人の信仰心の有無とはべつに、宗教そのものを無用視したり、排除したりするものではなかった。在外中の木戸は、島地に、「本邦ノ徒、無法ニ開化々々トサワギ、教法モ勝手ニ悪ロス。開化トハ丸倮《はだか》ニナリテ宗旨モ教モナクテ済スト思フハ、浅間《あさま》敷《しき》事也。教部省アリ乍ラ夫ヲ禁ジモ得ズ、僧侶アリ乍ラ夫ヲ責メモ得セヌハツマラヌコト也。愚民ノ心ハ何ニテ治メルゾ」(『島地黙雷全集』五)と語ったが、これは、島地とまったくおなじ認識であった。一方に国体神学の信奉者たちの頑迷ぶりを歎き、他方に文明開化にともなう人心の功利的傾向を恐れて、近代化された宗教の自由な活動こそが、一国の近代化のための不可欠の媒介だとされたのであった。

三条の教則批判

五年十二月、島地は、激烈な内容の三条の教則批判の建白書を故国に送ったが、その趣旨は、ヨーロッパの宗教事情をふまえた政教分離の主張にあった。たとえば、「敬神愛国ノ旨ヲ体スベキ事」という三条の教則第一条について、島地はいう。敬神とは教で、愛国とは政である。教とは万国万人に共通するもので、政は一国かぎりの問題である。ところが、この両者を混同して敬神愛国をあわせ説くのは、神一般を敬うことを説いてやがてキリスト教の神を導きいれようとするものだろうか、それとも、本邦かぎりの神々を敬えということだろうか。もし後者なら、「夫レ天神・地祇、水火・草木、所謂八百万神ヲ敬セシムトセバ、是欧州児童モ猶賤笑スル所ニシテ、草荒・未開、是ヨリ甚シキ者ハアラズ」(『島地黙雷全集』一)と島地は痛論した。

こうした主張において島地は、宗教的な発展段階論の立場から、神道をもっとも未開のもの、真宗をもっとも近代的なものと考えるとともに、宗教は「神為」のもので、政治権力が「造作」できるものではないという認識をふまえていた。こうした立場から三条の教則第二条の「天理人道ヲ明ニスベキ事」を見ると、それはどの宗教にも共通する教えの実際的な内容(「教ノ実」)をあらわしてはいるが、これではそれぞれの宗教に固有の開教者のカリスマ性や教義・教法の独自性(「教宗・教情」)はまったく欠けており、したがって人心をとらえることもできないのであった。

ところで、右の建白では、三条の教則そのものを否定しかねない勢いであった島地だが、のちの『三条弁疑』などではやや調子を改めて、教則に敬神というさいの神とは、宗教的な意味ではなく、「凡ソ吾ガ邦諸神ハ、或ハ皇室歴代ノ祖宗、或ハ吾輩各自ノ祖先、国家有功ノ名臣徳士ヲ祭リシ者ナリ」とするようになった。そして、記紀神話からより体系的な宗教思想を構成しようとして、たとえば、神代巻から天地の創造神としての造化三神をつくりだすような試みにたいしては、一貫してつよく反対したが、皇祖・皇統や国家に功績あった人々、また祖先への崇敬は、仏教の教えとなんら抵触するものではないとした。

こうした考え方には、神道非宗教説によって、国家的神々の受容と信教の自由とは矛盾しないのだとする、のちの国家神道体制の原理に先鞭をつけるような性格があった。島地は、神道国教主義的な政策と理念を、政教の混同という見地からはもっとも鋭く批判したが、皇祖皇霊・国家の功臣・祖先などへの崇敬そのものを批判する意志はまったくなく、むしろ、神道の神々を皇祖や功臣のことだとして、近代的な通念とは矛盾しないような内容のものへと救いだそうとしたのであった。そして、島地からすれば、時代の動向に鋭敏に対応してゆく天皇の統治こそが真の神道なのであって、「万国ノ良法ヲ採リ、好芸ヲ学ビ、電機気車艦モ亦《また》治化ノ一分ニシテ、天壌無窮ノ神勅ヲ奉体シ玉フニ出ル」(!)とするような「開明ノ大道」を、あたらしい天皇制国家に期待したのであった。

信教の自由とナショナリズム

こうした島地の立場は、真宗の近代性への確信と、ナショナリストとしての情熱と、近代文明への希求とを、結びつけたものだった。もっとも近代的な宗教として真宗こそが、日本の近代化という課題にもっともよく応えうるのであり、そのことを西欧体験をへて確信した島地たちの使命は、きわめて大きいのであった。こうした確信と使命感の大きさとが、島地たちの大胆で手きびしい発言と情熱的な活動をささえていた。

こうして、島地たちの「信教の自由」論においては、内面化された国家至上主義が自明の前提とされて、近代国家建設という課題にあわせて宗門を改革し、門徒大衆を教導してゆくことに課題意識がおかれたのである。こうした島地たちにたいして、真宗信仰の超世俗性が忘れられており、国家そのものを超えるような視点がないと批評するとすれば、そこには、歴史の段階を無視した酷なところがあるといえよう。ナショナリズムと文明は、当時の日本人がはじめて体験しつつあった歴史のあたらしい内実であり、それを相対化するためには、べつの歴史的段階と経験とを必要とするはずだからである。

しかし、島地たちが、仏教とりわけ真宗をもっとも近代的な宗教だとし、それをもってまだ愚昧なままに眠っている人々を教導しなければならないとしたとき、それは、現実の真宗信仰とはまったくべつの宗教観念をもちだすことを意味していた。島地たちの頭脳のなかの真宗と現実の信仰とのこのズレは、島地たちの啓蒙的意欲をかきたてたが、しかしそれは、啓蒙家としての独善性をもって現実に臨むことを意味していた。島地たちのこの啓蒙家としての独善性には、彼らがきびしく批判した神道家などの国民意識の統合をめざす独善性と、いくらか似たところさえもなくはなかった。それは、近代化してゆく日本社会にむけられた〝分割〟の、より近代化されたもう一つの様式にほかならなかったからである。

西周の「教門論」

ところで、島地の「信教の自由」論は、西本願寺派僧侶としての苦闘のなかから生みだされたところにその特色があったが、洋行体験をふまえ、欧米流の政教分離論をモデルにしていたという点では、森有礼や西周《あまね》など、明六社系の人々の「信教の自由」論と照応する性格をもっていた。

たとえば、西の「教門論」は、明六社系の「信教の自由」論の代表作であるが、そこでは、「司教ノ衙門（宗教管掌の官署）ハ、其内心信奉スル所、何事タルヲ論ゼズ、唯外形ニ顕ハル、者、国家ノ政治ト相矛盾スル者ヲ禁ジテ足ル」とし、「其ノ信奉スル所ノ如キハ、狐ナリ狸ナリ如来ナリ天人ナリ、我敢テ之ヲ問ハズ」とされていた。一見、徹底した信教の自由を主張しているようでもあるが、「国家ノ政治ト相矛盾スル者ヲ禁ジテ足ル」というところが問題で、西はすぐつづいて、禁制しなければならぬ事項として、金円の拠出を強制すること、官許によらずに祠宇会堂を建てること、官許の祠宇会堂とその境内以外のところで儀式をおこない、旗をかかげたり太鼓をうったりすること、平民の家に十人以上の宗徒が集会すること、山林など無人のところで宗徒が集会すること、路傍に像・塚などをきずき、宗徒が奇異な服装で「開扉」などをおこなうことなどをあげている。これらの行為が「国家ノ政治ト相矛盾スル」のだが、挙例されている禁制事項は、近世以来の宗教統制のひきうつしといってよい。また西は、天照大神を日神として崇拝するようなことは、「古代学《パレオントロジー》」を究むればその妄誕があきらかになるとして批判したが、天皇制の万世一系論は「立政ノ大本」だとし、これに抵触するような教えはきびしく禁じなければならないとした。神話の非合理性を批判する啓蒙家ぶりの半面で、万世一系の皇統への此岸的な崇敬を絶対化しているこうした立場も、島地たちと共通するといえよう。

啓蒙主義と信教の自由

森が英文で書いた「日本における宗教の自由」は、信教の自由を人間のもっとも基本的な権利だとし、生命を賭しても守らなければならないとするなど、もっとも徹底した内容で知られている。しかし、この論文には、外国人に見せるための配慮がはたらいており、森の実際上の主張は、西のそれと大差なかったと考えられる。というのは、『明六雑誌』に掲載された論文では、欧米の学説の紹介としてではあるが、信教の自由が国政に害ある宗教を信ずる自由を意味するものでないことを強調しているからである。

加藤弘之の「米国政教」も、翻訳ではあるが、やはり国家の安寧に害ある宗教を国家は禁止すべきだということを趣旨としており、有害な教えの事例として、一夫多妻を認めるモルモン教と「自由恋愛党」をあげている。こうした宗派は、「倫理ノ当然」を否定し、悪風俗を蔓延させることになるから、国家はそれを禁止する権限をもっているのである。

これらの事例から理解できるように、啓蒙思想家たちの「信教の自由」論も、人間精神の自由の根源的なあらわれとして信教の自由を求めていたというよりも、政教分離の原則にたつ近代国家の制度の模倣にすぎなかったことが理解されよう。彼らの論理では、国家の安寧や秩序の方が「信教の自由」よりも優先しているのだが、さらにその啓蒙家としての立場からして、国家の秩序と対立する異端の教派はもとより、民衆の民俗信仰的な宗教生活の大部分も、おなじ立場から、当然のように否定されてしまうのである。島地たちとおなじ独りよがりの近代的な自由論ともいえるが、島地たちのばあいは、真宗の宗教思想をそれなりにつきつめて到達した真宗の近代性への確信に基礎づけられているところに、それでもまだ救いがあるともいえよう。啓蒙主義者たちは、その啓蒙の情熱を発揮すれば発揮するほど、現実の宗教生活にたいしては、いっそう尊大な無理解に陥ってしまうのであった。

日本型政教分離

明治四年末からの岩倉使節団の欧米諸国訪問にさいし、一行は各地でキリスト教の迫害について抗議をうけ、欧米諸国は、信教の自由の承認を条約改正交渉のための前提条件とした。そのために、大使一行は、事実上、信教の自由の承認を各国政府に約束することとなり、二年末以来各藩に分置してきた浦上キリシタンの釈放を本国政府に求めた。そして、六年二月にはキリシタン禁制の高札が撤去され、郷村社祠官祠掌の給料の民費課出の廃止(同月)、氏子調《うじこしらべ》の中止(同年五月)、府県社神官の月給廃止(同年七月)などがあいつぎ、神道にたいする特別の保護が緩和されていった。

真宗五派を代表する大教院離脱の願書がはじめて出されたのは、六年十月のことで、それは、島地らの政教分離論をふまえて、「所謂不レ可レ同《おなじうすべからざる》者ハ教法也、可レ同者ハ三条ノ教憲也。共ニ可レ奉《ほうずべき》ハ本省ノ規則、共ニ難レ行《おこないがたき》ハ教院ノ事務也」としていた。そして、それ以後、若干の紆余曲折はあったが、八年一月に真宗四派の大教院離脱を内示し、同年五月には大教院は解散して、以後は各宗派で独自に布教することとなった。そのさい、三条の教則の遵奉が独自の布教活動を共約する原則とされており、むしろこうした国家のイデオロギー的要請にたいして、各宗派がみずから有効性を証明してみせる自由競争が、ここから始まったのであった。こうした日本型の政教分離は、明治十五年に神官の教導職兼補が廃止されて、神官は葬儀に関与しないこととなり、いわゆる教派神道の諸教派が神道から分離独立することによって、いっそう決定的となった。

神道非宗教説にたつ国家神道は、このようにして成立したものである。それは、神社祭祀へまで退くことで国教主義を継承しながらも、神道国教化政策の失敗と国体神学の独善性にこりて、宗教的な意味での教説化の責任から免れようとした。それは、実際には宗教として機能しながら、近代国家の制度上のタテマエとしては、儀礼や習俗だと強弁されることになった。そして、この祭儀へと後退した神道を、イデオロギー的な内実から補ったのが教育勅語であるが、後者もまた、「この勅語には世のあらゆる各派の宗旨の一を喜ばしめて他を怒らしむるの語気あるべからず」(井上毅)という原則によってつくられた。国家は、各宗派の上に超然とたち、共通に仕えなければならない至高の原理と存在だけを指示し、それに仕える上でいかに有効・有益かは、各宗派の自由競争に任されたのである。

〝信教の自由〟

帝国憲法第二十八条の「信教の自由」の規定は、「日本臣民ハ、安寧秩序ヲ妨ゲズ、及臣民タルノ義務ニ背カザル限ニ於テ、信教ノ自由ヲ有ス」となっている。この規定の特徴は、その前後の自由権の規定が、「法律ノ範囲内ニ於テ」とか「法律ノ定メタル場合ヲ除ク外」と、成文法との関係で規定されているのに、この条文だけは、「安寧秩序ヲ妨ゲズ、及臣民タルノ義務ニ背カザル限」という漠然とした制限つきになっていることにある(葦津珍彦「帝国憲法時代の神社と宗教」)。このあいまいな制限規定は、実際問題としては、一般的な規範や習俗への同調化をそれみずからで強要したり、そうした強要を容認したりすることを容易にした。もちろん、時代の状況や各宗教の社会的位置のいかんなどによって、各宗教に認められた「自由」の実際上の範囲や性格に多様性があったが、こうした漠然とした制限規定のもとでは、「信教の自由」は、国家が要求する秩序原理へすすんで同調することと同義にさえなりかねなかった。そして、神社崇拝は、その基盤で民衆の日常的宗教行為につらなることで現実に機能しているのだから、法的には神社崇拝と宗教とはべつだと強弁されても、「安寧秩序」や「臣民タルノ義務」に背くまいとすれば、神社神道の受容とそれへの同調化が、それぞれの宗派教団にほとんど極限的なきびしさで求められてしまうことにさえなったのである。

神仏分離以下の諸政策は、国民的規模での意識統合の試みとしては、企図の壮大さに比して、内容的にはお粗末で独善的、結果は失敗だったともいえよう。しかし、国体神学の信奉者たちとこれらの諸政策とは、国家的課題にあわせて人々の意識を編成替えするという課題を、否応ない強烈さで人々の眼前に提示してみせた。人々がこうした立場からの暴力的再編成を拒もうとするとき、そこに提示された国家的課題は、より内面化されて主体的にになわれるほかなかった。国家による国民意識の直接的な統合の企てとしてはじまった政策と運動は、人々の〃自由〃を媒介とした統合へとバトンタッチされて、神仏分離と廃仏毀釈と神道国教化政策の歴史は終った。

参考文献

本文中では、出典・参照文献などは、煩を恐れてごく一部を記すにとどめた。また、副題や掲載誌・所収書名なども、おなじ理由で省略した。こうした欠陥をいくらか埋めるために、本書の執筆にあたって参照して、とくに有益だったと思う文献をかかげておく。また、本文中では省略した副題・掲載誌・所収書名などもあわせて記し、読者の参考にした。

A 史料

村上専精・辻善之助・鷲尾順敬編『明治維新神仏分離史料』(本文中では、『神仏分離史料』と略記)、『法令全書』、『法規分類大全　社寺門』、『社寺取調類纂』、『明治天皇紀』、『新聞集成明治編年史』、『幕末明治新聞全集』、『山梨県史』、『秋田県史　資料　明治編下』、『明治初期静岡県史料』、『神奈川県史料』第一巻、『大阪府布告集』、『茨城県史料　近代政治社会編I』、土屋喬雄・小野道雄編『明治初年農民騒擾録』、『日本庶民生活史料集成』第十三巻、『島地黙雷全集』、福嶋寛隆編『神社問題と真宗』、沖本常吉編『幕末淫祀論叢』、常世長胤『神教組織物語』

B　研究書

辻善之助『日本仏教史之研究』続編、同『日本仏教史』近世篇四、徳重浅吉『維新精神史研究』、同『維新政治宗教史研究』、豊田武『日本宗教制度史の研究』、開国百年記念文化事業会編『明治文化史　宗教編』、家永三郎・赤松俊秀・圭室諦成監修『日本仏教史』Ⅲ、神道文化会『明治維新神道百年史』(とくに、同書所収の岡田米夫「神宮・神社創建史」、葦津珍彦「帝国憲法時代の神社と宗教」、阪本健一「皇室に於ける神仏分離」、三木正太郎「――浦田長民を中心とする――神宮祠官の活動」)、竹田聴洲『日本人の「家」と宗教』、村上重良『国家神道』、同『天皇の祭祀』、小林健三・照沼好文『招魂社成立史の研究』、圭室文雄『神仏分離』、柴田道賢『廃仏毀釈』、浦川和三郎『浦上切支丹史』、後藤時男『苗木藩政史研究』、『蛭川村史』、戸川安章『出羽三山修験道の研究』、宮家準『山伏――その行動と組織』、吉田久一『日本近代仏教史研究』

C　論　文

朝尾直弘「「将軍権力」の創出」(『歴史評論』二四一、二六六、二九三号)、石田一良「上下のモラル」(『思想の歴史6　東洋封建社会のモラル』)、竹田聴洲「近世社会と仏教」(『岩波講座日本歴史』9)、三宅紹宣「幕末期長州藩の宗教政策――長州藩天保改革における「淫祀」解除政策について――」(河合正治編『瀬戸内海地域の宗教と文化』)、阪本健一「明治神道史」(宮地直一編『神道史』)、藤井貞文「宣教使の研究」(『国学院雑誌』四十九巻五、六号)、同「教導職廃止の要因」(『神道学』八十六号)、同「中教院の研究」(『神道学』九十一～三号)、清水秀明「静岡・浜松両県下における教導職の活動」(『神道学』七十五、七十六号)、加藤隆久「総(祖)霊社の一考察――津和野地方を中心として――」(『国学院大学日本文化研究所紀要』二十二輯)、村田安穂「明治初年における埼玉県の廃仏毀釈――『武蔵国郡村誌』の統計と予察――」(早稲田大学教育学部『学術研究　人文科学・社会科学篇』十七号、この続編にあたるものが、早稲田大学教育学部『学術研究』十九、二十一、二十三号にある)、嶽本海承「神仏分離の展開とその影響――羽州温海嶽修験道の場合――」(立正大学史学会『宗教社会史研究』)、福嶋寛隆「神道国教政策下の真宗――真宗教団の抵抗と体制への再編成――」(『日本史研究』一一五号)、中島三千男「大教宣布運動と祭神論争――国家神道体制の確立と近代天皇制国家の支配イデオロギー――」(『日本史研究』一二六号)、宮地正人「形成過程からみた天皇制イデオロギーの特質」(『歴史評論』三一五号)

安丸良夫
1934-2016年
1957年京都大学文学部卒業
専攻－日本思想史
著書－『日本の近代化と民衆思想』(青木書店)
『出口なお』(朝日新聞社)
『日本ナショナリズムの前夜』(朝日新聞社)
『近代天皇像の形成』(岩波書店)
『一揆・監獄・コスモロジー』(朝日新聞社)
『〈方法〉としての思想史』(校倉書店)
ほか

神々の明治維新
―神仏分離と廃仏毀釈
岩波新書(黄版)103

1979年11月20日 第1刷発行
2024年2月15日 第32刷発行

著 者 安丸良夫《やすまるよしお》

発行者 坂本政謙

発行所 株式会社 岩波書店
〒101-8002 東京都千代田区一ツ橋2-5-5
案内 03-5210-4000 営業部 03-5210-4111
https://www.iwanami.co.jp/

新書編集部 03-5210-4054
https://www.iwanami.co.jp/sin/

印刷製本・法令印刷 カバー・半七印刷

ISBN978-4-00-420103-8 Printed in Japan

岩波新書新赤版一〇〇〇点に際して

ひとつの時代が終わったと言われて久しい。だが、その先にいかなる時代を展望するのか、私たちはその輪郭すら描きえていない。二〇世紀から持ち越した課題の多くは、未だ解決の緒を見つけることのできないままであり、二一世紀が新たに招きよせた問題も少なくない。グローバル資本主義の浸透、憎悪の連鎖、暴力の応酬——世界は混沌として深い不安の只中にある。

現代社会においては変化が常態となり、速さと新しさに絶対的な価値が与えられた。消費社会の深化と情報技術の革命は、種々の境界を無くし、人々の生活やコミュニケーションの様式を根底から変容させてきた。ライフスタイルは多様化し、一面では個人の生き方をそれぞれが選びとる時代が始まっている。同時に、新たな格差が生まれ、様々な次元での亀裂や分断が深まっている。社会や歴史に対する意識が揺らぎ、普遍的な理念に対する根本的な懐疑や、現実を変えることへの無力感がひそかに根を張りつつある。そして生きることに誰もが困難を覚える時代が到来している。

しかし、日常生活のそれぞれの場で、自由と民主主義を獲得し実践することを通じて、私たち自身がそうした閉塞を乗り超え、希望の時代の幕開けを告げてゆくことは不可能ではあるまい。そのために、いま求められていること——それは、個と個の間で開かれた対話を積み重ねながら、人間らしく生きることの条件について一人ひとりが粘り強く思考することではないか。その営みの糧となるものが、教養に外ならないと私たちは考える。歴史とは何か、よく生きるとはいかなることか、世界そして人間はどこへ向かうべきなのか——こうした根源的な問いとの格闘が、文化と知の厚みを作り出し、個人と社会を支える基盤としての教養となった。まさにそのような教養への道案内こそ、岩波新書が創刊以来、追求してきたことである。

岩波新書は、日中戦争下の一九三八年一一月に赤版として創刊された。創刊の辞は、道義の精神に則らない日本の行動を憂慮し、批判的精神と良心的行動の欠如を戒めつつ、現代人の現代的教養を刊行の目的とする、と謳っている。以後、青版、黄版、新赤版と装いを改めながら、合計二五〇〇点余りを世に問うてきた。そして、いままた新赤版が一〇〇〇点を迎えたのを機に、人間の理性と良心への信頼を再確認し、それに裏打ちされた文化を培っていく決意を込めて、新しい装丁のもとに再出発したいと思う。一冊一冊から吹き出す新風が一人でも多くの読者の許に届くこと、そして希望ある時代への想像力を豊かにかき立てることを切に願う。

（二〇〇六年四月）

岩波新書より

宗教

空海　松長有慶
最澄と徳一　仏教史上最大の対決　師茂樹
ブッダが説いた幸せな生き方　今枝由郎
ヒンドゥー教10講　赤松明彦
東アジア仏教史　石井公成
ユダヤ人とユダヤ教　市川裕
初期仏教　ブッダの思想をたどる　馬場紀寿
内村鑑三　悲しみの使徒　若松英輔
トマス・アクィナス　理性と神秘　山本芳久
アウグスティヌス　「心」の哲学者　出村和彦
パウロ　十字架の使徒　青野太潮
弘法大師空海と出会う　川﨑一洋
高野山　松長有慶
マルティン・ルター　徳善義和

教科書の中の宗教　藤原聖子
『教行信証』を読む　親鸞の世界へ　山折哲雄
国家神道と日本人　島薗進
聖書の読み方　大貫隆
親鸞をよむ◆　山折哲雄
日本宗教史　末木文美士
法華経入門　菅野博史
中世神話　山本ひろ子
イスラム教入門　中村廣治郎
ジャンヌ・ダルクと蓮如　大谷暢順
蓮如　五木寛之
密教　松長有慶
日本の新興宗教　高木宏夫
背教者の系譜　武田清子
聖書入門　小塩力
イエスとその時代◆　荒井献
慰霊と招魂　村上重良
国家神道◆　村上重良
お経の話　渡辺照宏

死後の世界　渡辺照宏
日本の仏教　渡辺照宏
仏教〔第二版〕　渡辺照宏
禅と日本文化　鈴木大拙　北川桃雄 訳